# Visual Studio Code

# Visual Studio Code

*Fernando Gamarra*

Ra-Ma®

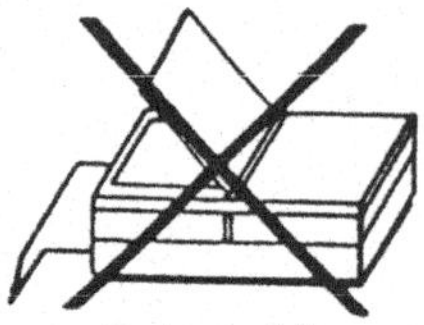



Visual Studio Code
Thema: UMN Programación de lenguajes
Bisac: COM051070


Edición original publicada por Six Ediciones. Ciudad Autónoma de Buenos Aires, Argentina.
Título original: Visual Studio Code Vol.1, Vol.2
Colección: USERS ebooks


Editado por:
RA-MA Editorial
Calle Jarama, 3A, Polígono Industrial Igarsa
28860 PARACUELLOS DE JARAMA, Madrid
Teléfono: 91 658 42 80
Fax: 91 662 81 39
Correo electrónico: *info@grupoeditorialrama.com*
Internet: *www.ra-ma.es* y *www.ra-ma.com*
ISBN impreso: 978-84-1985-769-9
Depósito legal: M-28379-2023
Maquetación: Antonio García Tomé
Diseño de portada: Antonio García Tomé
Filmación e impresión: Safekat
Impreso en España en octubre de 2023

# ÍNDICE

# ACERCA DEL AUTOR

Fernando Diego Gamarra es Especialista de Redes y Comunicaciones. Nacido en La Plata, provincia de Buenos Aires, Argentina, desde muy joven sintió gran pasión por diferentes tecnologías, sobre todo la electrónica. Desarrolló sus estudios como Técnico Electrónico y posteriormente cursó la Carrera de Música y Tecnología en la Universidad Nacional de Quilmes (UNQui). A lo lago de su formación, obtuvo diversas certificaciones: ORACLE Workshop, SSH del IGN, CLOUD COMPUTING de Google y SCRUM Master (SFPC).

En el ámbito laboral, ha transitado por diversos organismos del Estado Nacional de la Argentina. Además, trabajó para Telecom Argentina como Consultor de Seguridad Informática, para IVISA SAIC como implementador/sysadmin visitando diversas partes del país, y como freelance de diseño web para Extensión Universitaria de la UNQ y proyectos privados.

En la actualidad trabaja en el Ministerio de Trasporte de la Nación Argentina como Especialista de Redes y Comunicaciones.

# PRÓLOGO

Visual Studio Code es un editor de código fuente altamente popular y ampliamente utilizado en todo el mundo. Es un software gratuito y de código abierto que fue desarrollado por Microsoft y lanzado en el año 2015. Desde entonces, se ha convertido en una de las opciones favoritas de los desarrolladores debido a su facilidad de uso y flexibilidad. El software es compatible con una amplia variedad de lenguajes de programación, lo que lo convierte en una excelente opción para cualquier desarrollador que trabaje en múltiples proyectos. Además, cuenta con una gran cantidad de características útiles, como autocompletado de código, resaltado de sintaxis, depuración de código y una interfaz de usuario personalizable.

# SOBRE ESTA OBRA

Esta serie de dos ebooks son una guía detallada para aprender a utilizar Visual Studio Code, una herramienta de desarrollo de código abierto muy popular. El libro 1 comienza con una introducción a la interfaz de usuario de VSCode, y la instalación y configuración del entorno de trabajo. Luego se exploran las opciones de configuración y personalización, incluyendo preferencias, teclas de acceso rápido, apariencia, paneles y herramientas. El libro 2 incluye el uso avanzado de VSCode compartiendo los proyectos y aplicando los conocimientos en proyectos prácticos.

- **Parte 1:** La edición de código avanzada es un tema clave en el libro, que cubre la edición de múltiples archivos, el uso de IntelliSense para la edición de código, la refactorización de código y el uso de Emmet y snippets para la edición de código. Además, se discuten las extensiones para mejorar la productividad, cómo instalar y administrar extensiones, y se presentan algunas extensiones populares para el desarrollo web y la productividad. La depuración de código y la resolución de errores también se abordan en el libro, que incluye información sobre la configuración de la depuración, el uso de puntos de interrupción, la inspección de variables, la consola de depuración y la resolución de errores. Finalmente, se explora la compilación y ejecución de proyectos con Visual Studio Code, incluyendo la configuración de la compilación, la integración con la línea de comandos, la creación de tareas personalizadas y la automatización de tareas repetitivas mediante el uso de tareas y scripts en VSCode.

- **Parte 2:** Este volumen se enfoca en el trabajo en equipo y la colaboración con Visual Studio Code. La obra comienza con la forma de compartir proyectos y archivos, la gestión de comentarios y anotaciones en el código, y la gestión de conflictos en equipo.

Luego, se explora la integración con Git y el control de versiones, se discute qué es Git y cómo se puede integrar en Visual Studio Code para trabajar con repositorios de Git. También se presentan algunas mejores prácticas y consejos para aprovechar al máximo Visual Studio Code, como la configuración óptima, la organización del proyecto y el rendimiento.

El libro incluye dos proyectos prácticos, cada uno con sus requisitos e implementación detallados. El proyecto práctico 1 se enfoca en el desarrollo web, y el proyecto práctico 2 se centra en el desarrollo de aplicaciones móviles. Ambos proyectos brindan la oportunidad de aplicar los conceptos aprendidos en el libro y mejorar las habilidades de desarrollo con Visual Studio Code.

Parte 1

# CONFIGURACIÓN Y PERSONALIZACIÓN. EXTENSIONES. DEPURACIÓN. TAREAS Y SCRIPTS

# 1

# INTRODUCCIÓN

VSCode, o Visual Studio Code, es un editor de código fuente gratuito y de código abierto desarrollado por Microsoft. Es uno de los más populares entre los desarrolladores debido a su capacidad para soportar múltiples lenguajes de programación y sistemas operativos, y a su amplia gama de **extensiones**, que permiten personalizar la experiencia de desarrollo.

Además, cuenta con una interfaz de usuario amigable y fácil de usar, lo que lo hace ideal tanto para principiantes como para desarrolladores experimentados. También ofrece características de gran utilidad, como autocompletado de código, **depuración** integrada, control de versiones y una amplia variedad de herramientas de productividad que ayudan a los desarrolladores a escribir código más rápido y de manera más eficiente.

## 1.1 INSTALACIÓN Y CONFIGURACIÓN

Visual Studio Code es un editor de código fuente popular y potente, con numerosas **herramientas** y funcionalidades para ayudar a los desarrolladores a escribir, depurar y ejecutar código de manera eficiente.

En este capítulo, cubriremos los siguientes temas:

- Instalación y **configuración**: aprenderás cómo instalar y configurar Visual Studio Code.
- Uso de la **interfaz de usuario**: conocerás dónde se encuentran los componentes de la interfaz de usuario, incluyendo la barra de menús, la barra de herramientas, el panel de navegación y el panel de salida.

### 1.1.1 Descarga e instalación de VSCode

Para descargar e instalar Visual Studio Code en tu computadora, debes seguir estos pasos:

**PASO 1**

Abre tu navegador web y dirígete a la página oficial de descarga de VSCode, en: *https://code.visualstudio.com/download*.

**PASO 2**

En la sección de descargas, selecciona la versión correspondiente a tu sistema operativo. Hay opciones disponibles para Windows, MacOS y Linux.

## PASO 3

Una vez que hayas seleccionado el sistema operativo, descarga el archivo de instalación haciendo clic en el botón **Descargar**.

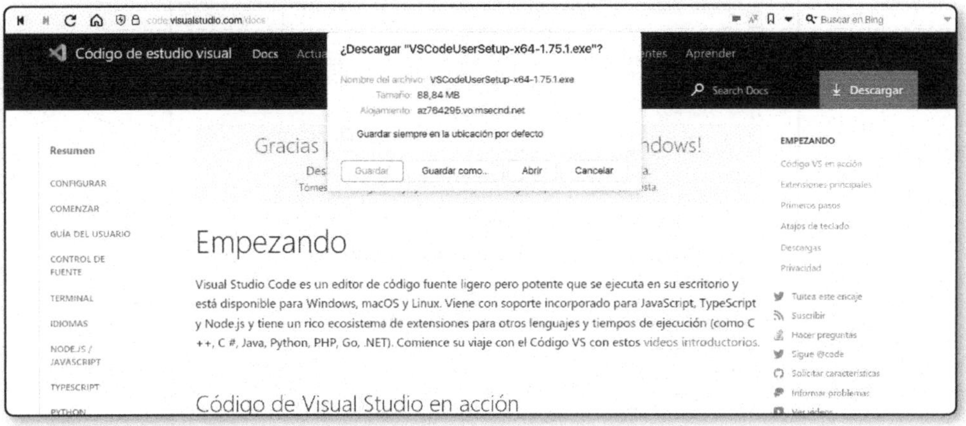


## PASO 4

Abre el archivo que descargaste para iniciar el proceso de instalación.

## PASO 5

En la ventana de instalación, presiona en **Siguiente** para continuar.

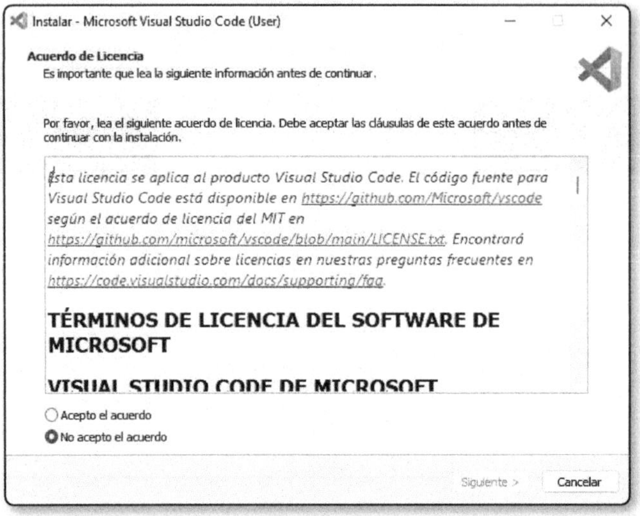


## PASO 6

Lee los términos y condiciones de la licencia y, si estás de acuerdo con ellos, marca la casilla correspondiente y pulsa **Siguiente**.

### PASO 7

En la siguiente ventana, selecciona la ubicación en la que deseas instalar VSCode. Si quieres mantener la predeterminada, simplemente presiona **Siguiente**.

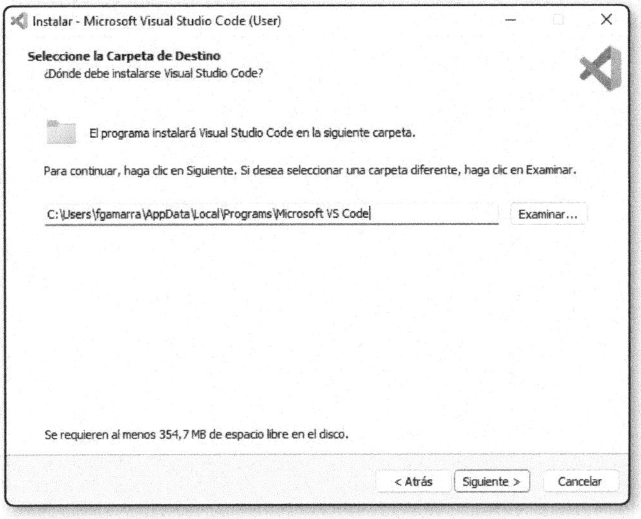


### PASO 8

En la siguiente pantalla, selecciona las opciones adicionales que deseas instalar, como crear un acceso directo en el escritorio o agregar VSCode al menú contextual. Haz clic en **Siguiente** para continuar.

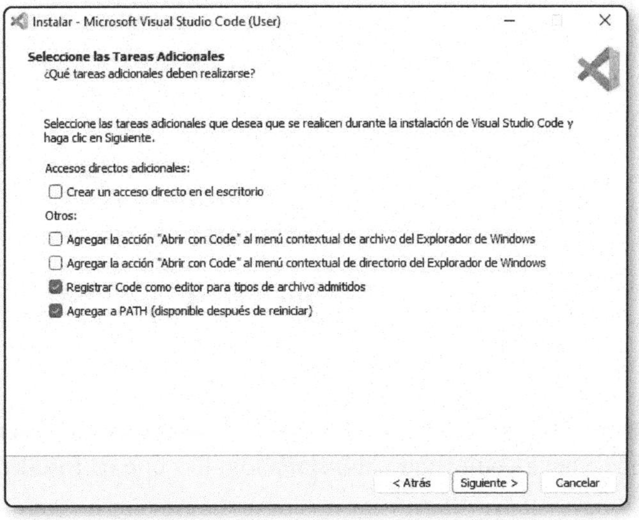

## PASO 9

Una vez que hayas configurado todas las opciones de instalación, elige **Instalar** para iniciar el proceso. Espera a que se completen todos los pasos; esto puede tomar unos minutos dependiendo de la velocidad de tu computadora.

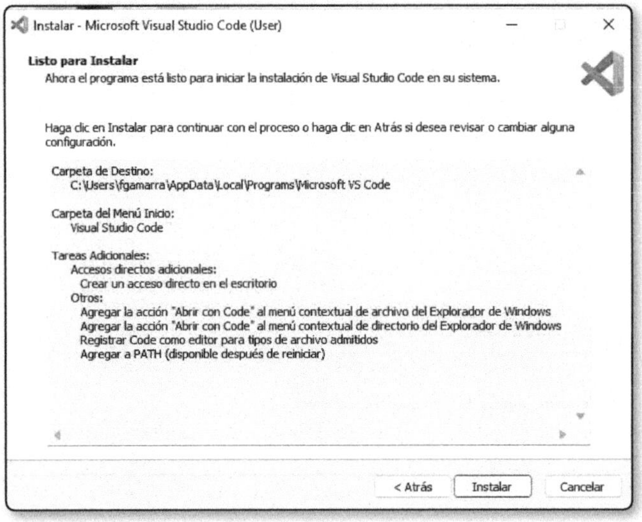


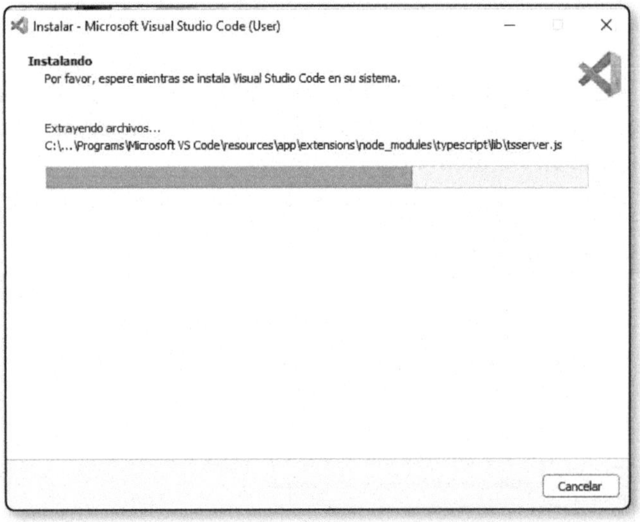


## PASO 10

Cuando se haya completado la instalación, haz clic en **Finalizar** para cerrar el instalador.

**PASO 11**

Busca el icono de VSCode en el escritorio o en el menú de inicio y pulsa en él para abrir el programa.

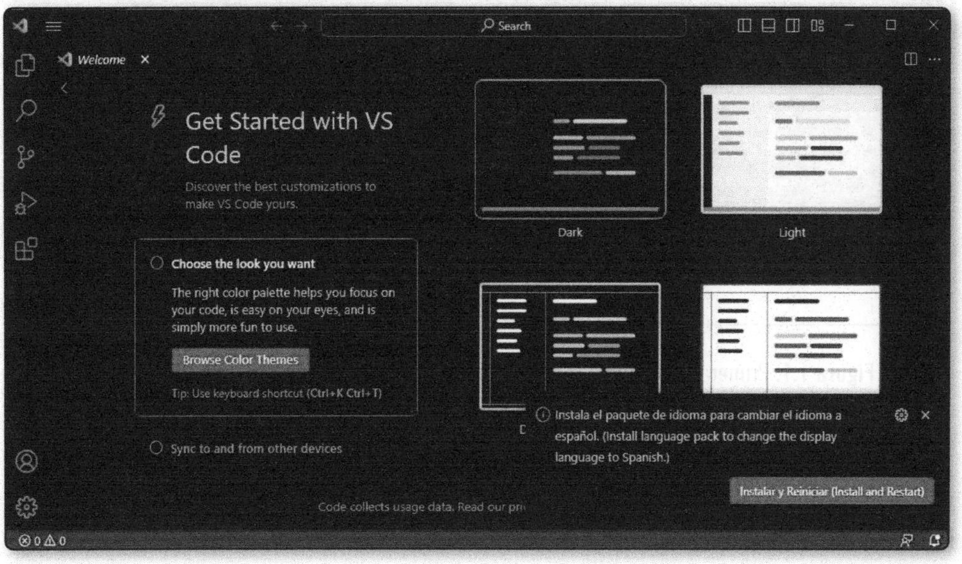


¡Listo! Ahora puedes comenzar a utilizar VSCode para escribir código y trabajar en tus proyectos.

### 1.1.2 Configuración básica de VSCode

La belleza de VSCode radica en que es altamente personalizable y puedes hacer ajustes adicionales para mejorar tu experiencia de programación:

**PASO 1**

Abre VSCode desde el icono del escritorio haciendo doble clic en él.

**PASO 2**

Selecciona la combinación de colores que se adapte más a tus gustos.

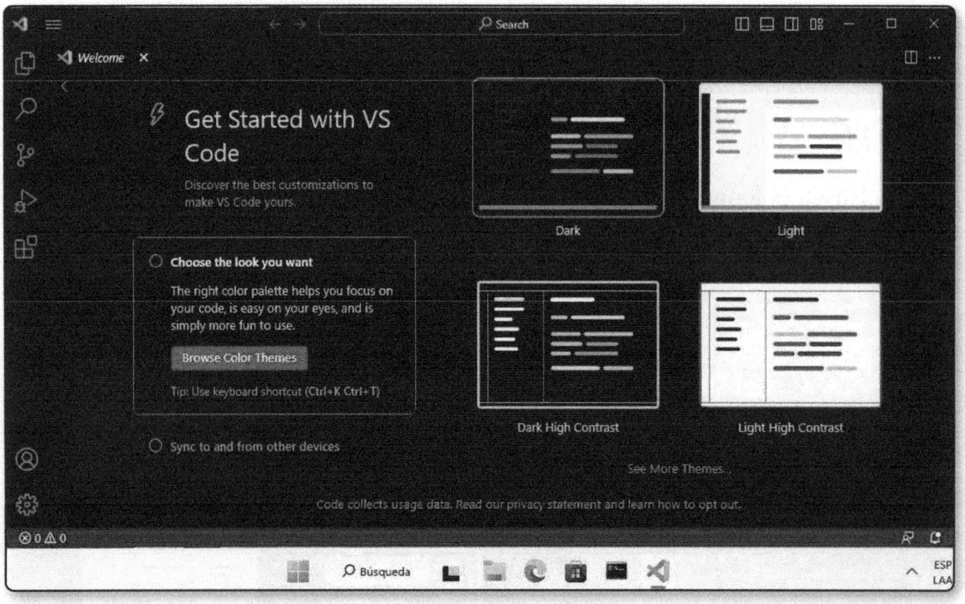


**Figura 1.1.** Primera pantalla de VSCode, donde debes empezar la configuración básica.

VSCode ofrece diferentes temas de color para personalizar el aspecto del editor. Para cambiar el tema, haz clic en el icono del engranaje, en la parte inferior de la barra lateral izquierda, y selecciona **Preferencias: Color del tema**. Luego, escoge el tema que quieras de la lista desplegable.

Las siguientes opciones de configuración son básicas para el trabajo diario y es importante conocerlas. Habilita las opciones de sincronización con otros dispositivos para VSCode, marcando o desmarcando las que se ofrecen.

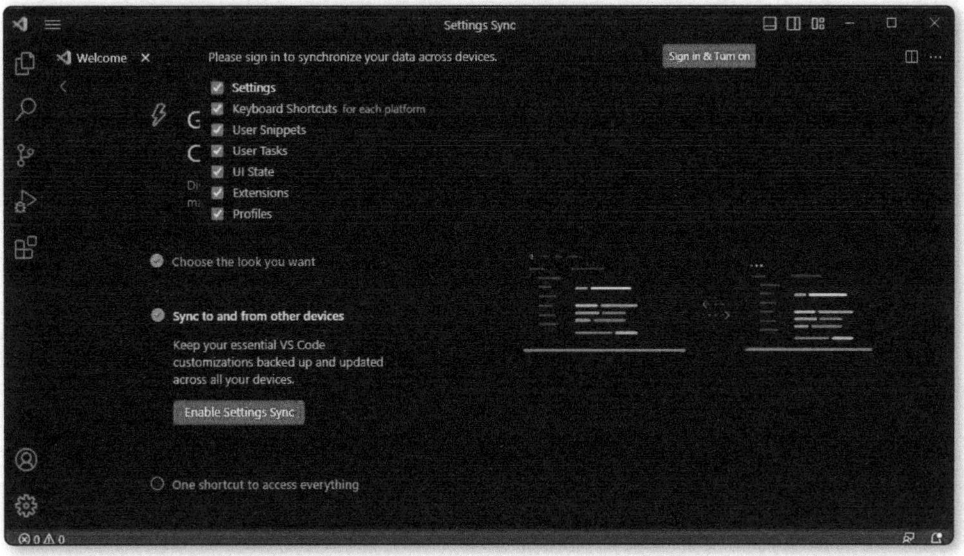


**Figura 1.2.** Elige las opciones según tus necesidades.

Existen dos alternativas para hacerlo: sincronizar a través de tu cuenta GitHub o de Microsoft.

**Figura 1.3.** Según lo que elijas, aparecerá el login de la validación correspondiente.

**Un atajo para acceder a todos**: una vez que se abre la paleta de comandos, puedes buscar cualquier comando o funcionalidad que desees ejecutar en VSCode. También es posible filtrar la lista de comandos por categoría o mediante el uso de palabras clave.

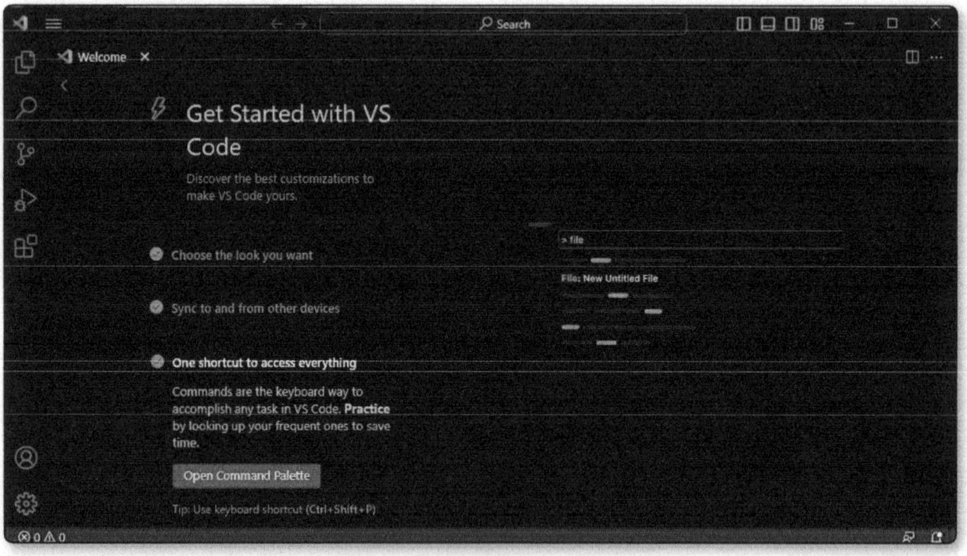


**Figura 1.4.** La paleta de comandos de VSCode permite acceder rápidamente a todas las funcionalidades del editor sin tener que recordar los atajos de teclado o buscar en los menús.

**Amplio soporte para todos los idiomas de programación**: VSCode admite varios lenguajes de programación, pero debes asegurarte de tener la extensión correspondiente instalada para trabajar con ellos.

Para hacerlo, presiona las teclas **CTRL+SHIFT+X** (Windows/Linux) o **CMD+SHIFT+X** (Mac); se abrirá la sección de extensiones. En la barra de búsqueda, escribe el nombre del lenguaje con el que deseas trabajar y presiona **ENTER**. Luego, selecciona la extensión adecuada y haz clic en **Instalar** (Figura 1.5.).

**Configuración del usuario**: para configurar VSCode según tus preferencias, puedes hacer clic en el icono del engranaje, ubicado en la parte inferior de la barra lateral izquierda, y seleccionar **Preferencias: Configuración** (Figura 1.6.).

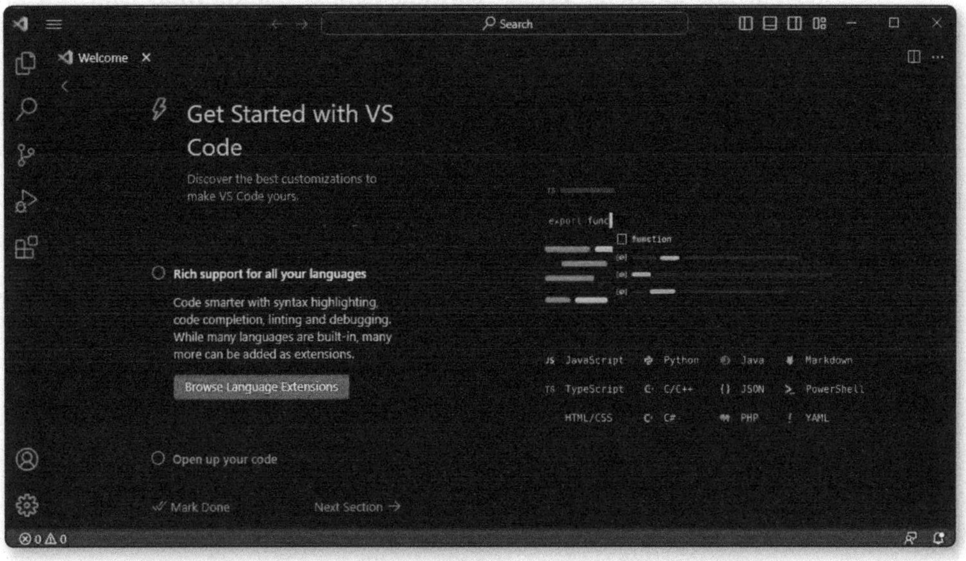


**Figura 1.5.** Las extensiones permiten trabajar con un amplio abanico de lenguajes, según tus necesidades.

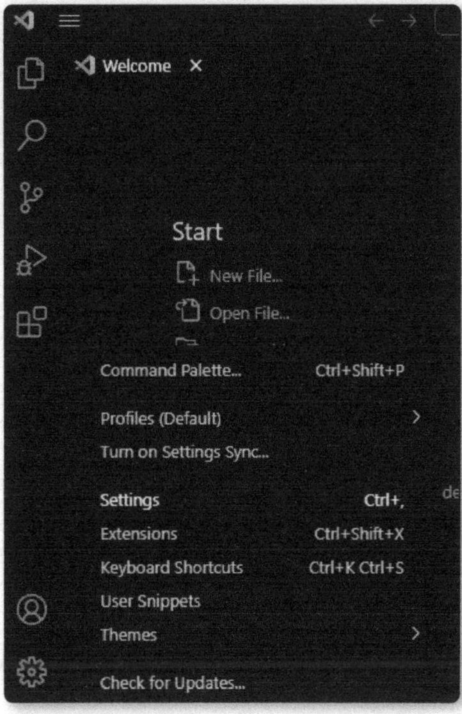


**Figura 1.6.** Menú de configuración de VSCode.

Se abrirán dos archivos **JSON**: **settings.json** y **keybindings.json**. En el primero puedes configurar opciones generales, como el tamaño de la fuente, el espaciado, el diseño de pestañas y otros aspectos del editor. En el segundo puedes personalizar los atajos de teclado para tus comandos favoritos.

**Terminal integrada**: VSCode tiene una terminal integrada que permite ejecutar comandos directamente desde el editor. Para abrir la terminal, presiona las teclas **CTRL+SHIFT+** (Windows/Linux) o **CMD+SHIFT+** (Mac). Puedes personalizar la terminal ajustando la fuente, el tema y otros aspectos en **settings.json**.

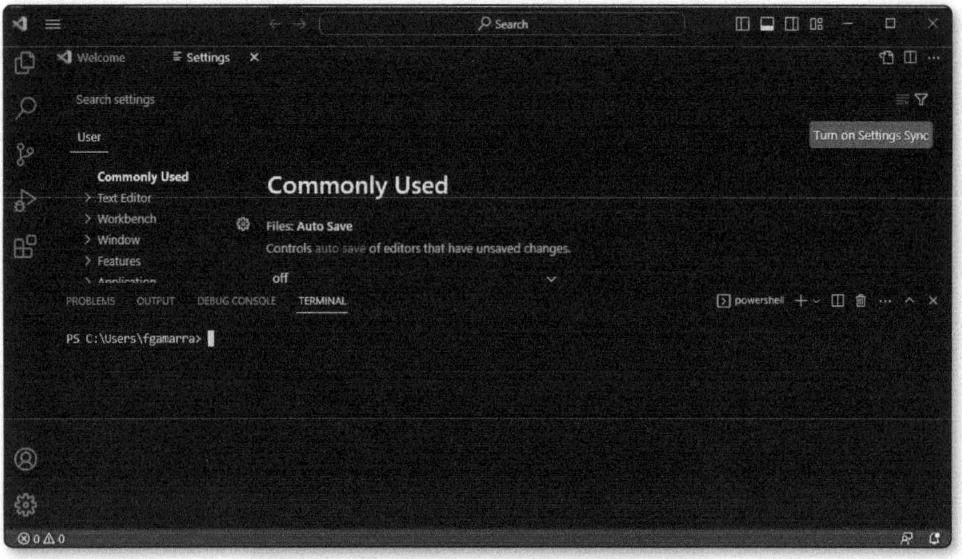


**Figura 1.7.** Menú de terminal en VSCode.

## 1.2 USO DE LA INTERFAZ DE USUARIO

La interfaz de usuario de Visual Studio Code consta de varias partes, cada una de las cuales tiene su propia función. A continuación se describen las principales:

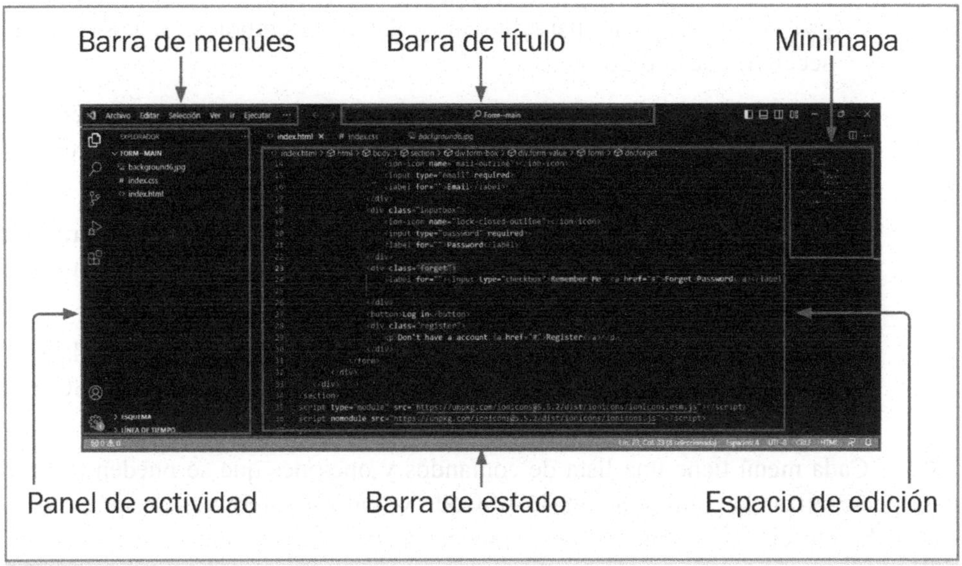


**Figura 1.8.**

**Barra de título**: se encuentra en la parte superior de la ventana y muestra el nombre del archivo que se está editando. También incluye los botones Minimizar, Maximizar y Cerrar, en la esquina superior derecha.

**Barra de menús**: se ubica en la parte superior de la ventana y es una de las principales formas de navegar por el editor y acceder a las diversas funcionalidades y herramientas que ofrece. Contiene los siguientes menús:

- **Archivo**: incluye comandos para abrir, crear, guardar y cerrar archivos, así como opciones para exportar e importar configuraciones y extensiones.
- **Editar**: contiene comandos para editar texto y realizar operaciones de edición, como copiar, cortar, pegar y deshacer. También hay opciones para buscar y reemplazar texto y para realizar otras tareas de edición de código.
- **Selección**: abarca comandos para trabajar con selecciones de texto, como expandir o reducir la selección, seleccionar palabras o líneas completas, y cambiar de posición el cursor.
- **Ver**: incluye comandos para personalizar la apariencia de VSCode y ver diferentes paneles, como la barra lateral, el explorador de archivos, el depurador y otros.

- **Ir**: tiene comandos para navegar por los archivos y carpetas de un proyecto, así como para buscar y saltar a símbolos, líneas y otras secciones de código.
- **Debug**: contiene comandos para iniciar, detener y depurar aplicaciones. También, opciones para establecer puntos de interrupción y configurar la salida del depurador.
- **Terminal**: contiene comandos para abrir y gestionar una terminal integrada en VSCode, así como opciones para configurar la terminal y personalizar la apariencia.
- **Ayuda**: incluye opciones de ayuda y documentación, además de enlaces a recursos en línea para obtener más información sobre el uso de VSCode.

Cada menú tiene una lista de comandos y opciones que se pueden utilizar para personalizar la configuración de VSCode y realizar diferentes acciones en el editor. Al seleccionar un comando en un menú, se abrirá una ventana emergente con opciones y configuraciones adicionales.

**Barra de herramientas**: es una de las formas de acceder rápidamente a los comandos y herramientas que se utilizan con frecuencia en el editor. Está ubicada debajo de la barra de menús y por encima del área de edición de código. Incluye varios botones que representan diferentes comandos y acciones en VSCode. A continuación, se describen algunos de ellos:

- **Nuevo archivo**: crea un nuevo archivo en el proyecto.
- **Abrir archivo**: permite abrir un archivo existente en el proyecto.
- **Guardar archivo**: guarda los cambios realizados en el archivo actual.
- **Deshacer/Rehacer**: deshacen o rehacen la última acción realizada.
- **Cortar/Copiar/Pegar**: realizan las acciones de cortar, copiar y pegar texto o código.
- **Buscar**: abre el panel de búsqueda en VSCode.
- **Reemplazar**: abre el panel de reemplazo en VSCode.
- **Depurar**: inicia el modo de depuración para la aplicación.
- **Consola de salida**: muestra la consola de salida, que presenta mensajes y resultados de ejecución de la aplicación.
- **Explorador de archivos**: abre el explorador de archivos, que muestra una vista de árbol de los archivos y carpetas en el proyecto.

La barra de herramientas de VSCode se puede personalizar para agregar o eliminar botones según las necesidades del usuario. Para agregar o quitar botones, puedes hacer clic con el botón derecho en la barra de herramientas y seleccionar **Personalizar barra de herramientas**.

**Editor de texto**: es el área principal de la ventana de VSCode, donde se edita el código fuente. En el editor de texto se pueden destacar la sintaxis, la indentación y otros aspectos del código para mejorar su legibilidad y comprensión. Tiene varias características que lo hacen una herramienta poderosa para los desarrolladores. Veamos algunas de ellas:

- **Autocompletado**: posee un potente sistema de autocompletado que sugiere código y completa nombres de variables a medida que escribes. Esto puede ayudar a acelerar el proceso de codificación y reducir los errores.

- **Resaltado de sintaxis**: resalta la sintaxis del código fuente con diferentes colores, lo que hace que sea más fácil de leer y comprender. Además, resalta los errores de sintaxis y los subraya en rojo para que sean fáciles de identificar.

- **Exploración del código**: el editor de texto de VSCode permite navegar rápidamente por el código fuente utilizando la función **Go to Definition** (Ir a definición) y **Find All References** (Encontrar todas las referencias). Esto ayuda a trabajar de manera más eficiente con grandes proyectos.

- **Vista previa del código**: el editor tiene una función de vista previa del código destinada a ver el resultado del código sin salir de la aplicación. Esto es especialmente útil para la edición de archivos HTML, CSS y Markdown.

Además de estas características, el editor de texto de VSCode es altamente personalizable y admite el uso de extensiones.

**Panel de actividad**: es una sección ubicada en la parte izquierda de la interfaz de usuario. Contiene varias pestañas que proporcionan acceso rápido a diferentes áreas de la aplicación, como la lista de archivos abiertos, la exploración de archivos, la vista de depuración y la lista de extensiones instaladas. A continuación, se describen brevemente algunas de estas pestañas:

- **Explorador**: muestra una lista de archivos y carpetas en el proyecto actual. Desde aquí, los usuarios pueden navegar por el sistema de archivos del proyecto y abrir archivos para su edición.

- **Búsqueda**: permite buscar texto en archivos específicos o en todo el proyecto. Los resultados de la búsqueda se muestran en una lista y los usuarios pueden hacer clic en cada resultado para abrir el archivo correspondiente.

- **Control de versiones**: muestra el estado del sistema de control de versiones utilizado en el proyecto actual. Desde aquí, es posible realizar operaciones como confirmar cambios y crear ramas.

- **Depuración**: proporciona acceso a herramientas de depuración para el proyecto actual. Es posible configurar y ejecutar sesiones de depuración y ver información detallada de depuración.

- **Extensiones**: presenta una lista de todas las extensiones instaladas en VSCode. Los usuarios pueden habilitar o deshabilitar extensiones, buscar nuevas extensiones e instalarlas desde aquí.

Estas son solo algunas de las pestañas disponibles en el panel de actividad de VSCode. Este panel se puede personalizar para mostrar solo las pestañas que un usuario necesita, y las pestañas también se pueden arrastrar y soltar para reordenarlas según las preferencias de cada uno. En general, este panel es una parte esencial de la interfaz de usuario de VSCode y proporciona acceso rápido y simple a muchas de las funciones y herramientas de la aplicación.

**Barra de estado**: se encuentra en la parte inferior de la ventana y brinda información útil, como la línea y la columna actual del cursor, la codificación del archivo y la extensión activa.

**Paleta de comandos**: es una característica poderosa y útil que permite acceder rápidamente a una amplia variedad de comandos y configuraciones. Puedes acceder a ella utilizando el atajo de teclado **CTRL+SHIFT+P** en Windows y Linux, o **CMD+SHIFT+P** en Mac. Se presenta como un cuadro de diálogo que aparece en el centro de la pantalla. Es posible escribir comandos en ella, y se sugieren opciones mientras se escribe, lo que hace que sea fácil encontrar y ejecutar rápidamente los necesarios. Puede utilizarse para una amplia variedad de tareas, como cambiar la configuración de VSCode, instalar extensiones, abrir archivos y carpetas, ejecutar comandos de terminal, depurar código y más. Además, permite personalizar la configuración de VSCode a través de una variedad de opciones disponibles. También es posible buscar opciones en la Paleta de comandos utilizando palabras clave. Por ejemplo, si escribes "abrir archivo" en la paleta, se mostrará una lista de opciones relacionadas con esta tarea, como "Abrir archivo", "Abrir archivo reciente" y "Abrir carpeta".

**Extensiones**: son complementos de software que agregan nuevas funcionalidades a la aplicación. Puedes buscarlas e instalarlas desde este panel en la barra lateral izquierda. Las extensiones pueden ser desarrolladas por terceros o por Microsoft, y se pueden descargar e instalar directamente desde la plataforma de VSCode o desde el sitio web de la extensión. Proporcionan una amplia variedad de características y funcionalidades, desde la corrección ortográfica y el resaltado de sintaxis, hasta la integración con servicios en línea y herramientas de desarrollo específicas. Algunas de las categorías más comunes de extensiones incluyen:

- **Lenguajes**: estas extensiones agregan soporte para nuevos lenguajes de programación y mejoran la edición de código existente para ellos.
- **Temas**: cambian la apariencia de VSCode, lo que permite personalizar la experiencia del usuario.
- **Productividad**: añaden nuevas funcionalidades a VSCode, como la búsqueda avanzada, la organización de proyectos y la gestión de archivos.
- **Depuración**: agregan herramientas para el desarrollo y la depuración de aplicaciones, lo que permite encontrar y solucionar errores en el código.
- **Integraciones**: proporcionan integraciones con servicios en línea populares, como GitHub, AWS y Azure.

En resumen, las extensiones son una de las principales características de VSCode y ofrecen una amplia variedad de funcionalidades para mejorar la experiencia de edición y desarrollo de código. Al permitir a los usuarios personalizar y mejorar VSCode, las extensiones son una parte importante de la comunidad y ecosistema de VSCode.

Hasta aquí hemos presentado las partes principales de la interfaz de usuario de VSCode. A medida que te familiarices más con el editor, tal vez quieras personalizar la interfaz de usuario para adaptarla a tus necesidades y preferencias.

Esperamos que este capítulo haya sido útil para comprender los conceptos clave de VSCode. Para profundizar en estos temas, recomendamos revisar la documentación oficial y explorar algunas de las extensiones populares para ampliar las funcionalidades del editor. En el próximo capítulo, veremos cómo configurar en detalle las funciones de VSCode.

## 1.3 ACTIVIDADES

A continuación se presentan las preguntas y los ejercicios que deberías saber responder y resolver para considerar aprendido el capítulo.

### 1.3.1 Test de autoevaluación

*1. ¿Cuál es la función de VSCode?*

*2. ¿Cómo se compone su interfaz?*

### 1.3.2 Ejercicios prácticos

*Tomando los conocimientos adquiridos anteriormente:*

*1. Instala VSCode en tu PC.*

*2. Configúralo en tu idioma.*

*3. Descarga las extensiones del lenguaje que manejes.*

# 2

# CONFIGURACIÓN Y PERSONALIZACIÓN DEL ENTORNO DE TRABAJO

Una de las fortalezas de Visual Studio Code es su capacidad para ser personalizado y configurado con el fin de que se adapte a las necesidades individuales de los desarrolladores. En este capítulo, exploraremos algunas de las formas en que se puede configurar y personalizar el entorno de trabajo en VSCode, incluyendo la personalización de temas, los métodos abreviados de teclado y el uso de configuraciones específicas para lenguajes de programación. Al finalizar este capítulo, estarás en condiciones de crear un entorno de trabajo altamente adaptado a tus necesidades, lo que te permitirá trabajar con mayor eficiencia y comodidad.

## 2.1 CONFIGURACIÓN DE LAS PREFERENCIAS

Las preferencias en VSCode se utilizan para personalizar el comportamiento y la apariencia del editor de código. Algunas de las preferencias más comunes que se pueden configurar incluyen el tema, la fuente, el tamaño de fuente, el color de fondo, los métodos abreviados de teclado, las opciones de formateo de código, las extensiones, y mucho más.

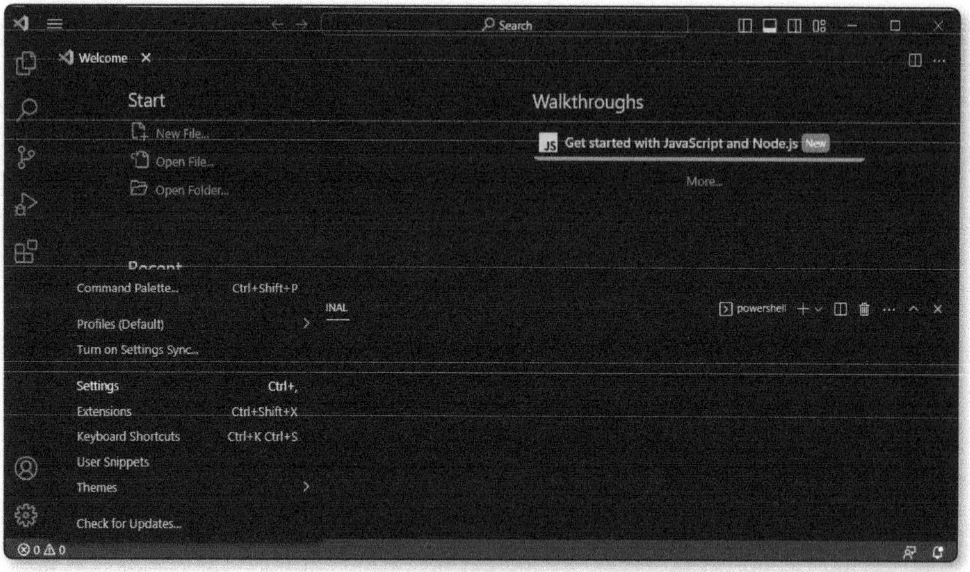


**Figura 9.1.** Ubicación del botón de configuración.

Para acceder a las preferencias en VSCode, debes hacer clic en el icono de engranaje ubicado en la barra lateral izquierda del editor o usar el atajo de teclado **CTRL+,** en Windows/Linux, o **CMD+,** para Mac. Se abrirá la ventana de configuración con las preferencias divididas en dos secciones principales: **Preferencias del usuario** y **Preferencias del área de trabajo** (Figura 9.2.).

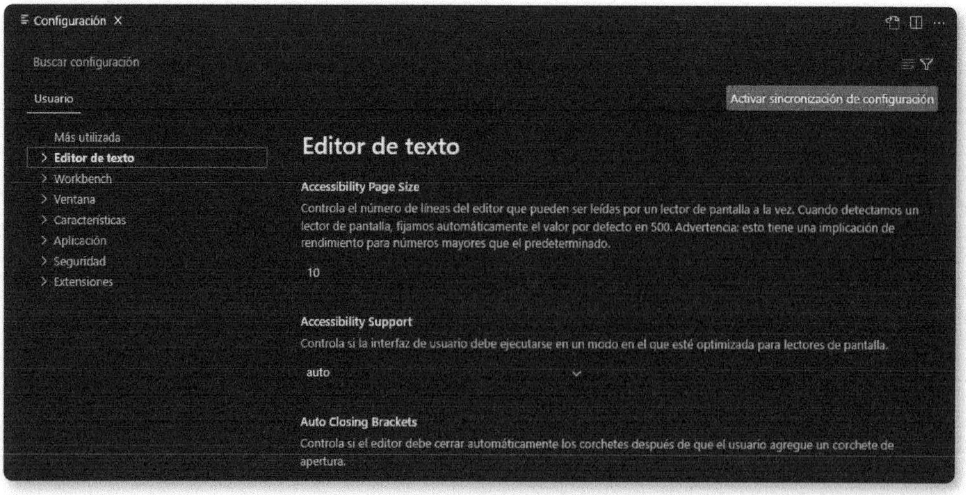


**Figura 9.2.** Menú de Preferencias del usuario.

Las **Preferencias del usuario** son aquellas que se aplican globalmente a todos los proyectos y se almacenan en un archivo llamado **settings.json**, ubicado en la carpeta de configuración de VSCode. Para acceder a este archivo de configuración, búscalo directamente en la carpeta de instalación de VSCode.

En las versiones actuales de la aplicación ya no hace falta editar los archivos manualmente, dado que todos los parámetros están accesibles desde esta ventana. Lo mismo ocurre para el resto de las ventanas de configuración, pero no esta de más conocer los archivos implicados.

Por otra parte, las **Preferencias del área de trabajo** son aquellas que se aplican solo al proyecto actual y se almacenan en un archivo llamado **settings.json**, ubicado en la carpeta **.vscode** del proyecto.

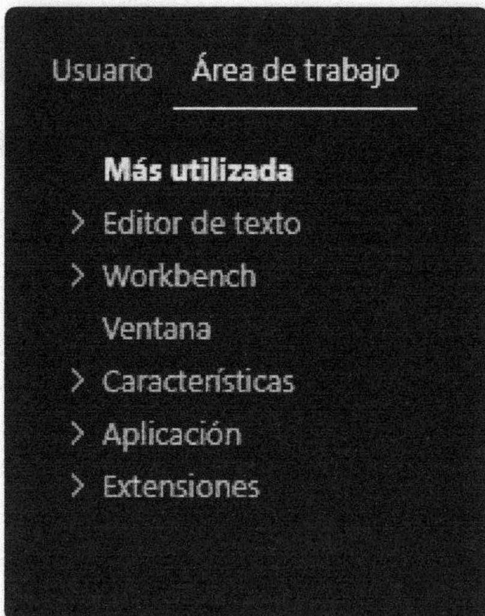


**Figura 9.3.** Menú de Preferencias del área de trabajo.

Una vez dentro de los archivos de configuración, es posible agregar o modificar las preferencias según sea necesario. Por ejemplo, para cambiar el tema del editor, puedes buscar la preferencia **workbench.colorTheme** y luego seleccionar el tema deseado de la lista de los disponibles. Para cambiar la fuente y su tamaño, busca las preferencias **editor.fontFamily** y **editor.fontSize**, respectivamente, y luego modifica los valores.

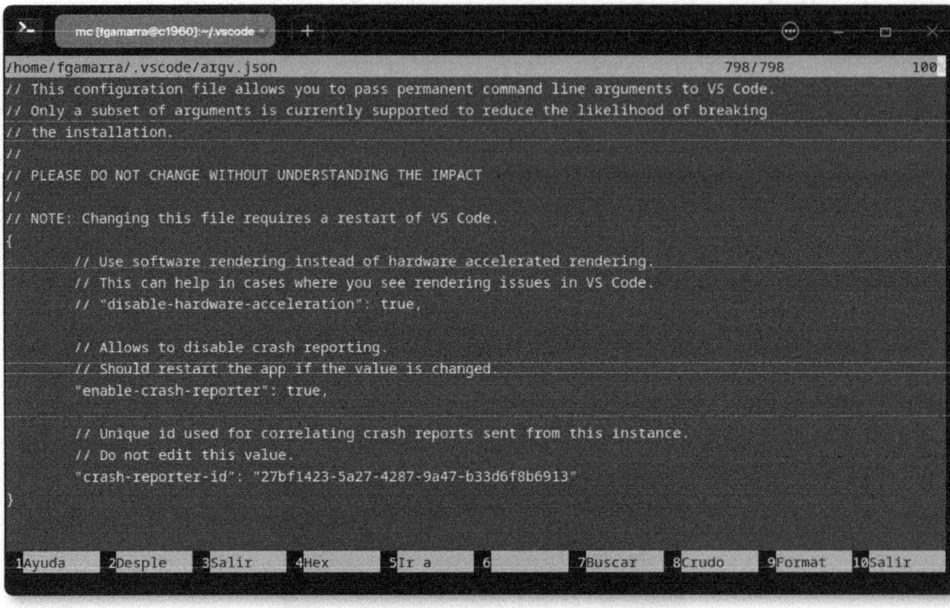


**Figura 2.4.** Ejemplo de archivo de configuración .json.

También es posible agregar preferencias personalizadas, ya sea en el archivo de configuración de usuario o en el de la carpeta del proyecto, para ajustar el comportamiento de VSCode según necesidades específicas. Se pueden agregar preferencias específicas a los archivos de configuración, como configuración de extensiones, ajustes de formateo de código y métodos abreviados de teclado personalizados, entre otras.

## 2.2 TECLAS DE ACCESO RÁPIDO

Una de las características de VSCode es la capacidad de configurar las teclas de acceso rápido para una variedad de acciones. Las **teclas de acceso rápido**, también conocidas como **métodos abreviados de teclado**, son combinaciones de teclas que se utilizan para realizar acciones específicas, lo que permite aumentar la productividad y la eficiencia.

La configuración de las teclas de acceso rápido en VSCode se realiza en la sección **Métodos Abreviados de teclado** de la configuración del editor. Puedes acceder a esta sección de configuración de varias formas, pero la más común es seleccionar **Preferencias: Abrir Métodos Abreviados de teclado**, o pulsar **CTRL+SHIFT+P** en Windows/Linux o **CMD+SHIFT+P** en MacOS.

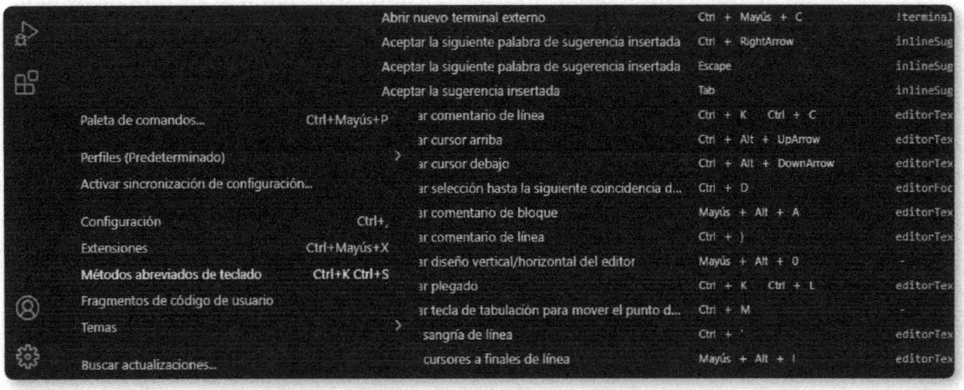


**Figura 2.5.** Menú de configuración del teclado.

Una vez en la sección de configuración de métodos abreviados de teclado, busca la acción para la que deseas configurar un atajo utilizando la barra de búsqueda, en la parte superior de la ventana.

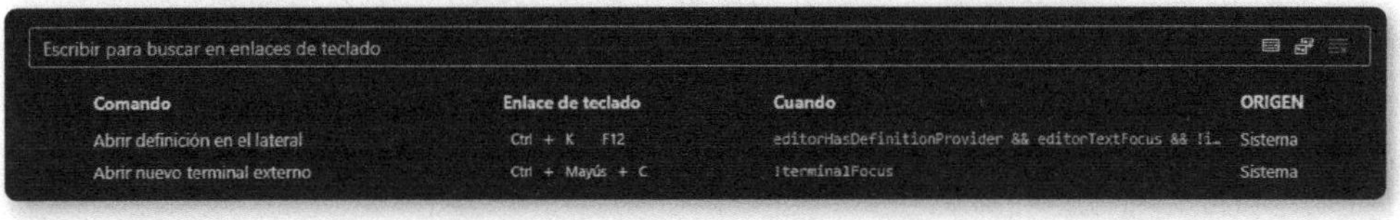


**Figura 2.6.** Barra de búsqueda superior.

También puedes ordenar la lista de acciones por nombre, categoría o atajo de teclado actual. Para configurar un atajo de teclado, haz clic en el icono + junto a la acción y luego presiona la combinación de teclas que quieres asignar a esa acción.

También puedes editar o eliminar métodos abreviados de teclado existentes en esta sección de configuración. Si deseas restablecer la configuración de métodos abreviados a la predeterminada, presiona en el icono de engranaje de la parte superior derecha de la ventana y elige **Restablecer Métodos Abreviados de teclado a los valores predeterminados**.

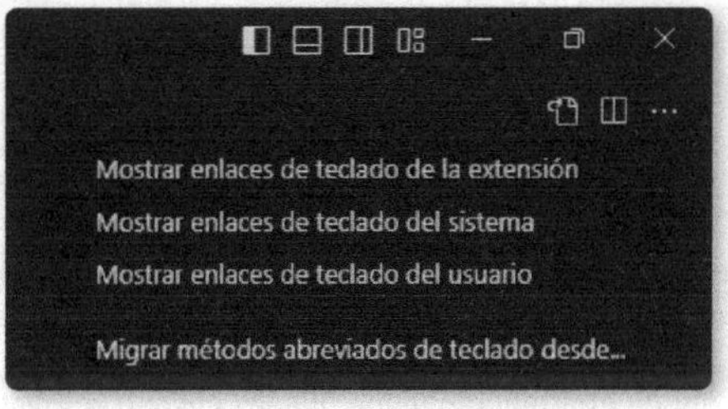


**Figura 2.7.** Accesos de teclado que pueden diferenciarse según si son de sistema de usuario o de extensión.

Existen métodos abreviados que pueden aplicarse según el ámbito de trabajo. Es importante tener en cuenta que algunos pueden estar predeterminados para ciertas acciones y no es posible cambiarlos o eliminarlos. También hay otros que pueden estar reservados por el sistema operativo o por otras aplicaciones y no se pueden utilizar en VSCode. Por lo tanto, es recomendable que consultes la documentación de VSCode o de tu sistema operativo para obtener más información al respecto.

## 2.3 CONFIGURACIÓN DE LA APARIENCIA

La apariencia de Visual Studio Code es altamente personalizable, para que cada usuario pueda adaptar el entorno de trabajo a sus necesidades y preferencias. La modificación puede realizarse desde la sección **Apariencia** de la configuración del editor. Además de contar con esta posibilidad, hay varias opciones de personalización dentro de **Configuración** y dentro de la configuración de **Usuario** o **Área de trabajo**.

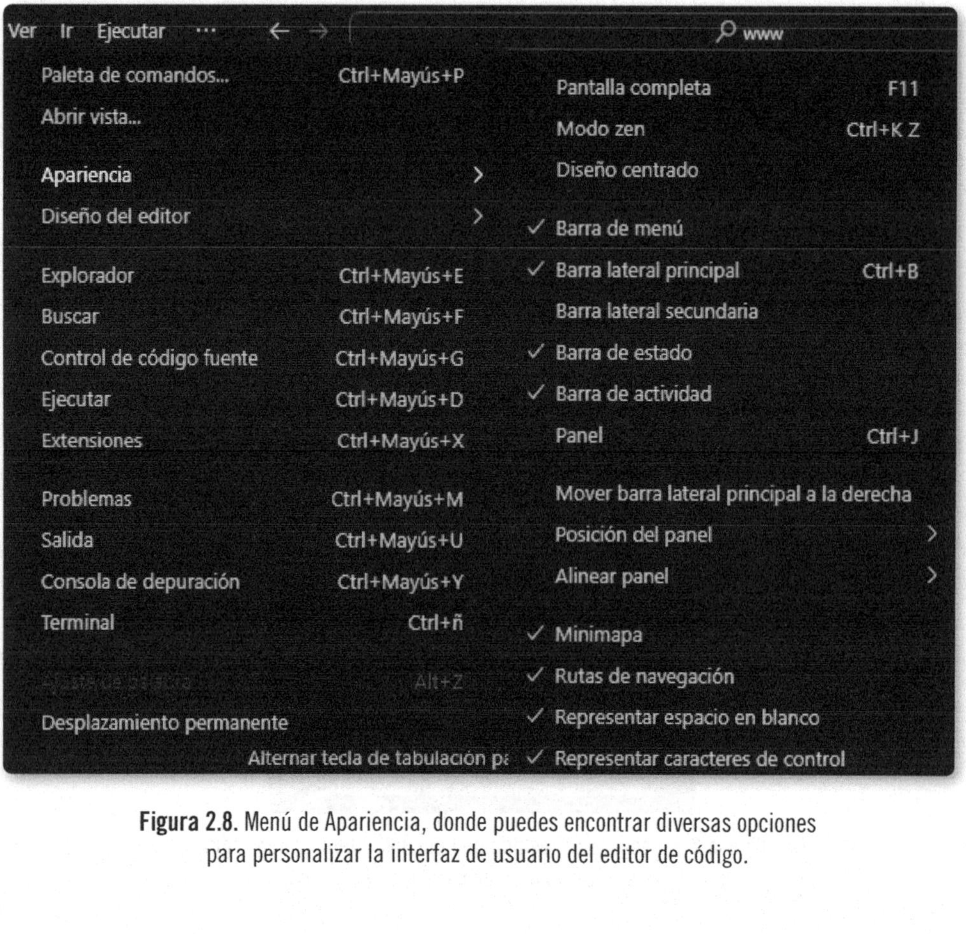


**Figura 2.8.** Menú de Apariencia, donde puedes encontrar diversas opciones para personalizar la interfaz de usuario del editor de código.

Para acceder a esta sección de configuración, selecciona **Preferencias: Abrir configuración** en el menú de comandos (**CTRL+SHIFT+P** en Windows/Linux o **CMD+SHIFT+P** en Mac), y luego busca **Apariencia** en la barra correspondiente. También puedes acceder directamente a la sección de apariencia seleccionando el icono de engranaje en la esquina inferior izquierda de la ventana de VSCode y luego haciendo clic en **Configuración**. En la sección de configuración de apariencia, se pueden realizar varias personalizaciones, como cambiar el tema de color, la fuente, su tamaño y estilo, la altura de línea, el espaciado entre letras y la familia de fuente. Además, VSCode ofrece varios temas de color predefinidos, y es posible instalar temas adicionales desde el **Marketplace** de la aplicación. Para cambiar el tema de color, haz clic en el menú desplegable **Tema** y selecciona el deseado. Otras opciones de personalización incluyen la capacidad de mostrar u ocultar la barra lateral, la barra de estado, la barra de pestañas y la barra de herramientas. También es posible habilitar o deshabilitar características específicas, como la vista previa de **Markdown** o la vista de **Minimapa**.

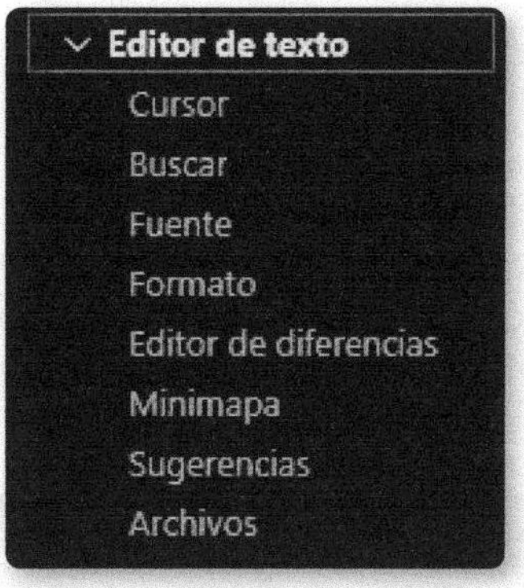


**Figura 2.9.** Algunas de las opciones de personalización de apariencia.

Algunas de las opciones más frecuentes son:

- **Tema** (Theme): VSCode incluye varios temas predefinidos para personalizar la apariencia del editor, como Dark+, Light+, Quiet Light, Solarized Dark, etc.

- **Iconos** (Icons): también es posible cambiar los iconos de los archivos y directorios en el explorador de archivos.

- **Fuente** (Font): se puede modificar la fuente utilizada en el editor de código.

- **Tamaño de fuente** (Font Size): permite ajustar el tamaño de la fuente utilizada en el editor.

- **Alineación del texto** (Text Editor: Text Editor Font Ligatures): se usa para habilitar o deshabilitar la alineación del texto en el editor de código.
- **Animaciones** (Animations): permite habilitar o deshabilitar las animaciones en VSCode.
- **Barra de estado** (Status Bar): es posible personalizar la información que se muestra en la barra de estado del editor, como la línea y columna actuales, el tamaño del archivo, etc.
- **Barra de pestañas** (Tabs): se pueden personalizar las opciones de esta barra, como el estilo de las pestañas, su tamaño, etc.

Después de realizar cualquier cambio en la configuración de apariencia, haz clic en **Guardar** para conservar los cambios. Ten en cuenta que algunas modificaciones pueden requerir que reinicies VSCode para que surtan efecto.

## 2.4 PANELES

La configuración de los paneles en VSCode permite personalizar la interfaz de usuario del editor para mostrar solo la información necesaria para cada tarea. Esto puede mejorar la productividad y hacer que el proceso de desarrollo resulte más eficiente.

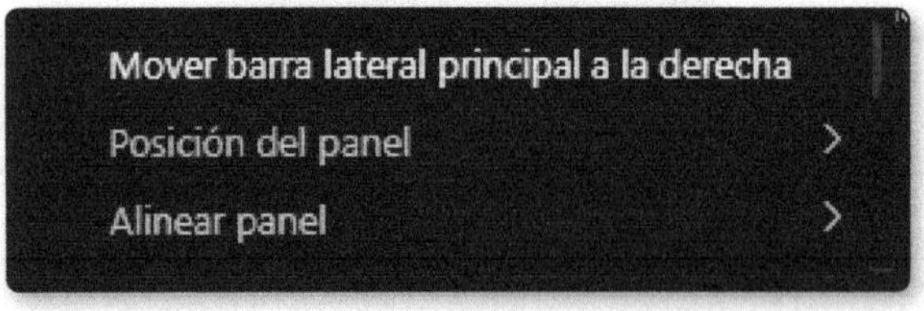


**Figura 2.10.** Con la configuración de los paneles, es posible optimizar el área de trabajo.

Los paneles son las áreas donde se muestran las diferentes vistas, como el explorador de archivos, la terminal y el depurador, entre otros. En general, existen dos tipos de paneles en VSCode:

- **Paneles integrados**: están incorporados en la interfaz principal del editor, como sucede con el explorador de archivos y la barra de actividad. Estos paneles se pueden mostrar u ocultar haciendo clic en los botones correspondientes de la barra de herramientas o usando los atajos de teclado.

- **Paneles flotantes**: son ventanas independientes que se pueden mover y colocar en cualquier lugar de la pantalla. Algunos ejemplos de paneles flotantes son la terminal y la vista de depuración. Estos paneles se pueden abrir desde el menú de **View** (Vista) en la **barra de menú** o usando los atajos de teclado.

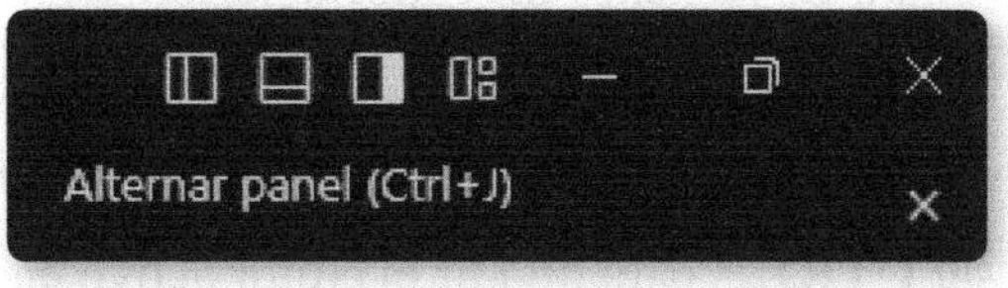


**Figura 2.11.** Menú desde el cual es posible alternar la disposición de los paneles de manera rápida.

Para configurar los paneles en VSCode, puedes realizar las siguientes acciones:

- **Cambiar el tamaño**: es posible cambiar el tamaño de los paneles integrados arrastrando los bordes o haciendo clic en los botones de minimizar/maximizar. Para los paneles flotantes, se puede cambiar el tamaño de la ventana, como con cualquier otra ventana en el sistema operativo.

- **Mover paneles**: los paneles flotantes se pueden mover y colocar en cualquier parte de la pantalla. Para los paneles integrados, es posible cambiar su posición arrastrando el título del panel y soltándolo en otra ubicación.

- **Ocultar paneles**: los paneles integrados se pueden ocultar haciendo clic en el botón de minimizar, en la esquina superior derecha del panel, o usando el atajo de teclado correspondiente. Los flotantes se pueden cerrar haciendo clic en el botón en la esquina superior derecha de la ventana, o usando el atajo de teclado correspondiente.

- **Personalizar paneles**: puedes personalizar los paneles integrados para mostrar u ocultar información específica. Por ejemplo, en el explorador de archivos se pueden mostrar u ocultar las carpetas y archivos ocultos, o en la barra de actividad es posible mostrar solo los iconos de las vistas más utilizadas.

Básicamente, la interfaz de usuario se divide en cinco áreas. Vamos a presentarlas a continuación.

El **editor** es la parte central y más importante de la aplicación, donde se editan los archivos. Puede haber hasta tres editores abiertos, uno al lado del otro. Para abrir un archivo en un segundo o tercer editor, tienes que hacer clic mientras pulsas la tecla **ALT** en el explorador de archivos.

Puedes abrir tantos editores como quieras, uno al lado del otro, en forma vertical u horizontal. Si ya tienes un editor abierto, hay varias formas de abrir otro editor al lado del primero:

- Hacer clic en **ALT** en un archivo en el Explorador.
- Pulsar **CTRL+** para dividir el editor activo en dos.
- Abrir al costado (**CTRL+ENTER**) desde el menú contextual del Explorador en un archivo.
- Hacer clic en el botón **Dividir editor**, en la esquina superior derecha de un editor.
- Arrastrar y soltar un archivo a cualquier sitio de la región del editor.
- **CTRL+INTRO** (o **CMD+INTRO** para MacOS) en la lista de archivos de apertura rápida (**CTRL+P**).

El **panel lateral** alberga diferentes vistas, como el explorador de archivos para trabajar con los archivos del proyecto, la vista de control de versiones para mostrar los archivos modificados desde el último commit, la vista de búsqueda, depuración y extensiones. Las extensiones pueden añadir vistas personalizadas en este panel.

La **barra de estado**, en la parte inferior de la aplicación, muestra información útil, como el número de líneas y caracteres del archivo que estás editando y datos relativos al control de versiones.

El **panel de actividades** se encuentra en la parte izquierda de la aplicación y contiene cinco botones para cambiar entre las diferentes vistas: **Explorador**, **Búsqueda**, **Control de versiones**, **Depuración** y **Extensiones**. Estas vistas aparecen en el panel lateral mientras que el editor permanece inalterado.

Los **paneles** en la parte inferior del editor muestran información sobre depuración, errores, avisos o una terminal integrada. Se pueden desplazar hacia la derecha para tener más espacio vertical.

También existen los modos prefijados. El **modo Zen** permite concentrarte en tu código ocultando toda la interfaz de usuario excepto el editor (sin barra de actividad, barra de estado, barra lateral ni panel), pasando a pantalla completa y centrando el diseño del editor. Se puede alternar usando el menú **Ver**, la **Paleta de comandos** o el atajo **CTRL+KZ**. Con un doble **ESC** sales del **modo Zen**. La transición a pantalla completa se desactiva a través de **zenMode.fullScreen**. Este modo se puede ajustar aún más con las siguientes configuraciones: **zenMode.hideStatusBar**, **zenMode.hideTabs**, **zenMode.fullScreen**, **zenMode.restore** y **zenMode.centerLayout**.

**Figura 2.12.** Vista del Modo Zen.

El **diseño centrado** permite centrar la alineación del área del editor. Esta opción es particularmente útil cuando trabajas con un solo editor en un monitor grande. Puedes usar las hojas laterales para cambiar el tamaño de la vista.

Mantén presionada la tecla **ALT** para mover las hojas de forma independiente.

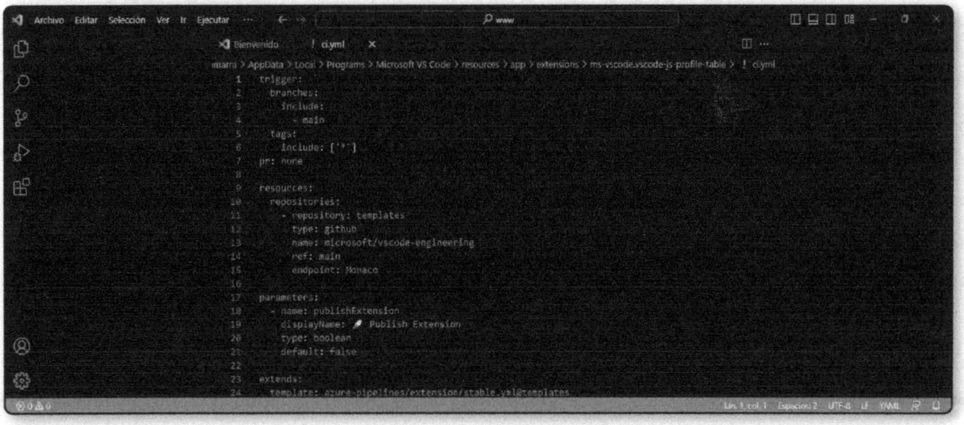


**Figura 2.13.** Vista de Diseño centrado.

Una característica interesante de la aplicación es que, si se modifica la disposición de las áreas, esta queda guardada, y la próxima vez que inicies Visual Studio Code, será igual a la disposición con la que cerraste la aplicación.

## 2.5 CONFIGURACIÓN DE LAS HERRAMIENTAS

El menú de configuración de herramientas de Visual Studio Code se encuentra en la pestaña **Archivo** y se subdivide en varias opciones. A continuación, se detallan algunas de las posibilidades de configuración más importantes (**Figura 2.14.**):

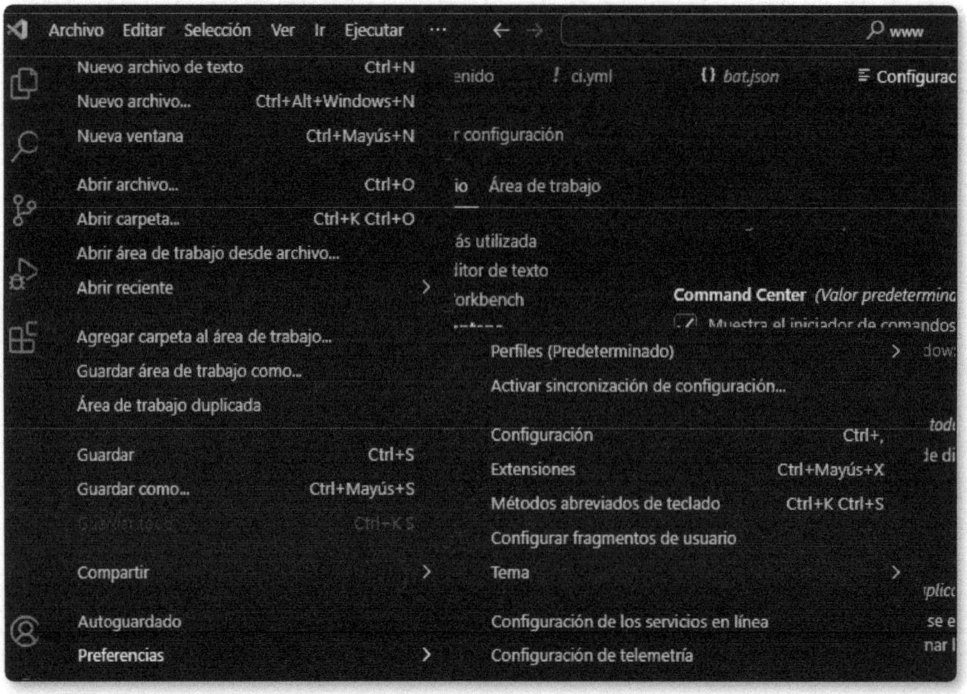


**Figura 2.14.** Menú de configuración de Preferencias generales.

**Preferencias**: aquí puedes configurar las preferencias generales de la herramienta, como la configuración del tema, el tamaño y la fuente del texto, el comportamiento de la barra lateral, la apariencia de los archivos y la configuración de las teclas de acceso rápido.

**Extensiones**: en esta sección puedes instalar, desinstalar y configurar las extensiones disponibles en el marketplace de VSCode. También puedes ver las extensiones instaladas en un determinado momento, y habilitar o deshabilitar su funcionamiento.

**Configuración del usuario**: este es un archivo de configuración que se utiliza para personalizar la herramienta según tus preferencias. Aquí puedes establecer opciones de configuración avanzadas, como el color de fondo del editor, el tamaño de la fuente, la configuración de la consola y la configuración de Git.

**Configuración del espacio de trabajo**: este archivo se utiliza para configurar opciones específicas de un proyecto o espacio de trabajo. Por ejemplo, la indentación, el formato de los archivos, la configuración de Git, la configuración de las extensiones y la configuración de los comandos de terminal.

**Teclas de acceso rápido**: aquí puedes configurar las teclas de acceso rápido para diferentes acciones de VSCode. Por ejemplo, establecer una tecla de acceso rápido para abrir un archivo o para buscar texto en el editor.

**Snippets**: los snippets son fragmentos de código que se pueden insertar en un archivo para ahorrar tiempo al escribir. En esta sección puedes crear, editar y eliminar snippets personalizados.

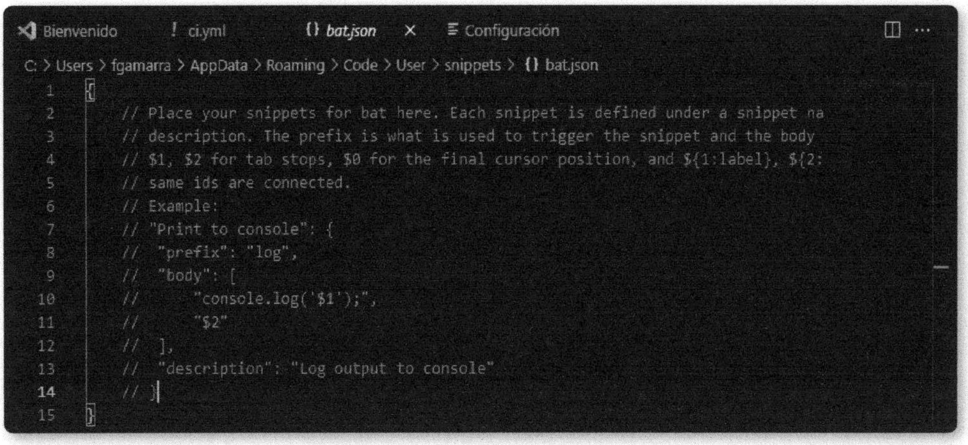


**Figura 2.15.** Ejemplo de snippets.

```
{
  "Comment": {
  "prefix": "c",
  "body": "$LINE_COMMENT $0 $LINE_COMMENT",
  "description": "set a comment"
  }
}
```

Arriba, otro ejemplo de código de snippets.

**Temas**: en esta sección puedes configurar la apariencia visual de VSCode, como los colores del editor, la barra lateral y la barra de estado. También es posible descargar e instalar nuevos temas desde el marketplace de VSCode.

En resumen, VSCode es una herramienta poderosa que admite personalizarla según las preferencias del usuario. Desde ajustar su apariencia y comportamiento, hasta crear y personalizar snippets de código y configurar teclas de acceso rápido, esta sección es esencial para maximizar la productividad del desarrollador.

## 2.6 ACTIVIDADES

A continuación se presentan las preguntas y los ejercicios que deberías saber responder y resolver para considerar aprendido el capítulo.

### 2.6.1 Test de autoevaluación

1. *¿Qué diferencias hay entre Preferencias del usuario y Área de trabajo?*
2. *¿Cómo modificas las combinación de teclado dentro de VSCode?*
3. *¿Cómo se cambia la disposición de los paneles de VSCode?*
4. *¿Qué es un snippet?*

### 2.6.2 Ejercicios prácticos

1. *Configura métodos de teclado para funciones que te resulten cómodas para el trabajo diario de tu usuario.*
2. *Crea varios snippets para reutilización de código.*

# 3

# EDICIÓN AVANZADA DE CÓDIGO

Visual Studio Code es ideal para aquellos que ya tienen cierta experiencia en programación y desean llevar sus habilidades al siguiente nivel. En este capítulo, exploraremos algunas de sus características avanzadas que pueden ayudarte a escribir código más eficiente, organizado y fácil de mantener.

## 3.1 EDICIÓN DE MÚLTIPLES ARCHIVOS

La edición de múltiples archivos es una característica de gran utilidad en Visual Studio Code, que permite trabajar con varios archivos al mismo tiempo, lo que puede ahorrar tiempo y mejorar tu productividad.

Para abrir varios archivos a la vez, puedes hacer clic con el botón derecho del mouse en la carpeta del proyecto y seleccionar **Abrir con Visual Studio Code** o **Agregar carpeta al espacio de trabajo**. Luego, navegarás por los archivos abiertos utilizando la barra lateral izquierda.

Veamos cómo agregar una carpeta al espacio de trabajo:

**PASO 1**

Abre VSCode y ve a **Archivo**.

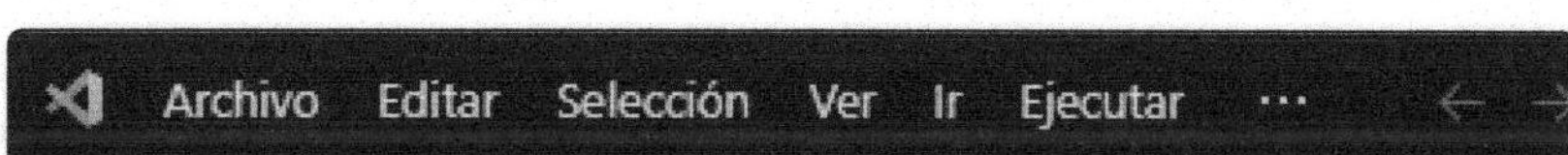

**PASO 2**

En dicho menú presiona **Agregar carpeta al área de trabajo**.

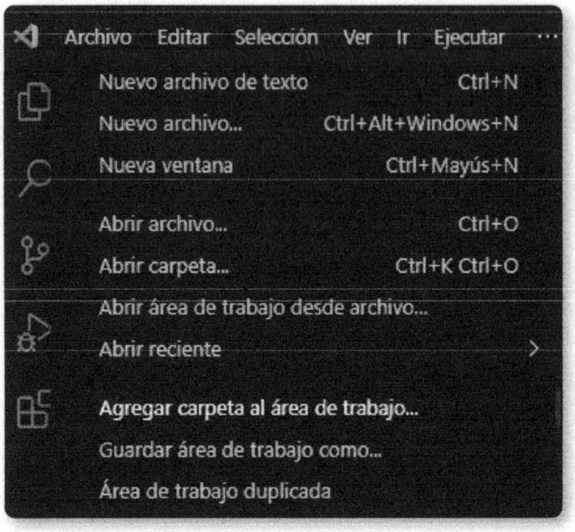


**PASO 3**

En la ventana emergente, elige **Agregar** para empezar a editar los archivos correspondientes.

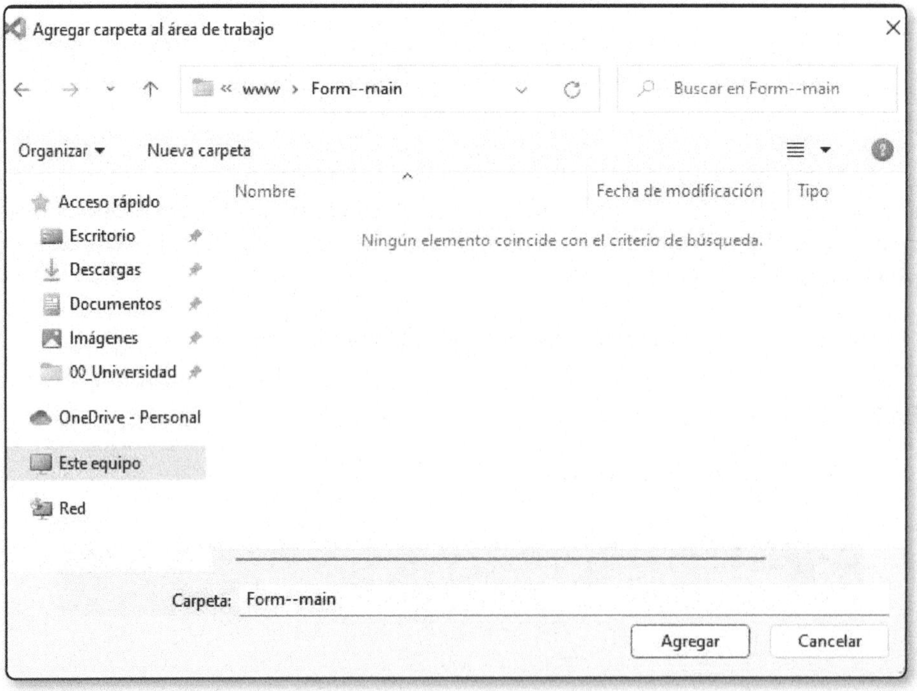

Una vez que tengas varios archivos abiertos, puedes utilizar distintas herramientas de Visual Studio Code para trabajar con ellos de manera eficiente.

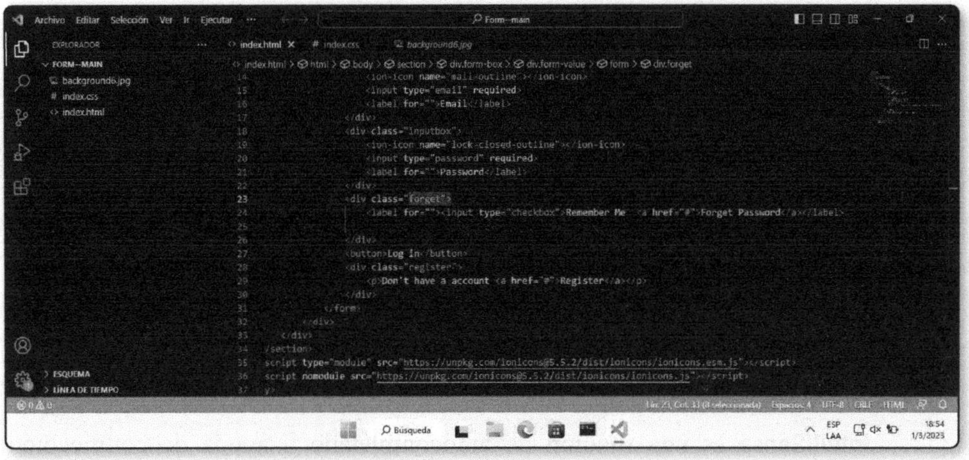

**Figura 3.1.** Ventana con varios archivos listos para editar.

Por ejemplo, puedes usar la función de **búsqueda** para localizar una cadena de texto en todos los archivos abiertos, o recurrir a la función de **búsqueda y reemplazo** para hacer cambios en múltiples archivos a la vez. También puedes utilizar la función de **división de la ventana** para ver varios archivos en la misma pantalla, lo que resulta práctico para comparar y contrastar el código en diferentes archivos.

**Figura 3.2.** Función para división de la ventana.

Por último, si frecuentemente trabajas con varios archivos a la vez, utiliza la función de pestañas para mantener los archivos importantes abiertos y organizados en pestañas separadas.

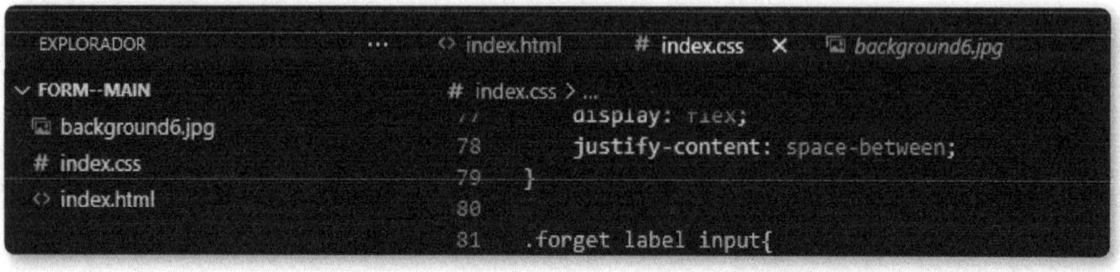


**Figura 3.3.** Función de varias pestañas abiertas.

## 3.2 EDICIÓN DE CÓDIGO CON INTELLISENSE

IntelliSense es una función de autocompletado y ayuda de codificación que se encuentra en el editor de código VSCode. Ofrece sugerencias de código en tiempo real mientras escribes, lo que puede ayudarte a escribir código más rápido y con menos errores. Proporciona información sobre la sintaxis, los métodos y las propiedades de los objetos, las funciones y las variables en el código. También puede brindar sugerencias sobre corrección de errores y otros consejos útiles mientras escribes. La edición de código con IntelliSense en VSCode es una experiencia intuitiva y personalizable que puede mejorar significativamente la productividad y la calidad del código.

Esta funcionalidad es bastante intuitiva y fácil de usar. Cuando se escribe código en un archivo, **IntelliSense** analiza el contexto y muestra sugerencias de código relevantes en una lista desplegable.

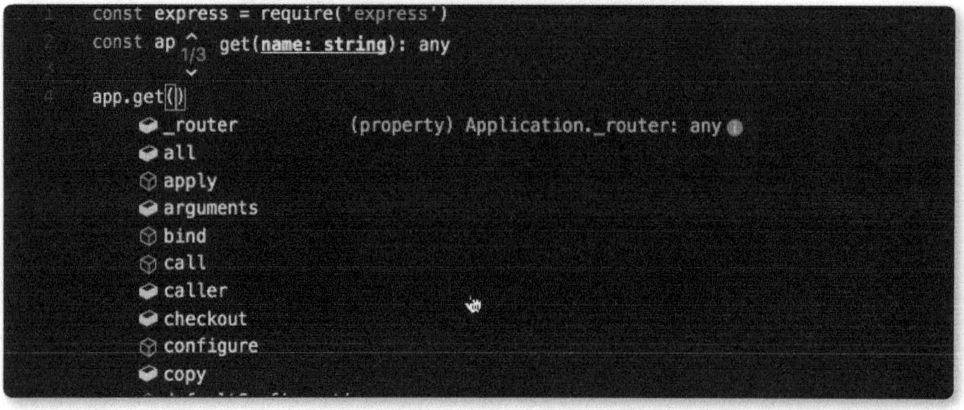


**Figura 3.4.** Función IntelliSense.

Por ejemplo, si estás escribiendo una función en JavaScript y escribes **Math.**, IntelliSense mostrará una lista de propiedades y métodos disponibles en el objeto **Math**, como **abs**, **floor**, **sqrt**, etc. Si continúas escribiendo y escribes **Math.a**, mostrará solo las opciones que comienzan con **a**, como **acos**, **acosh**, etc. (Figura 3.5.).

Además de sugerencias de código, **IntelliSense** también brinda información sobre los parámetros de una función, lo que puede ahorrar tiempo al buscar la documentación. Si escribes el nombre de una función y los paréntesis de apertura, mostrará una ventana emergente que enumera los parámetros necesarios y opcionales de la función (Figura 3.6.).

**Figura 3.5.** IntelliSense en acción.

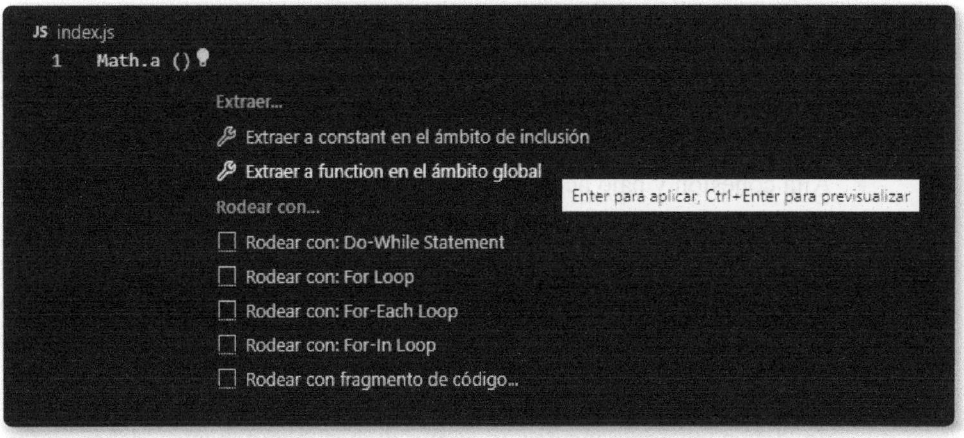


**Figura 3.6.** IntelliSense: funciones y sugerencias.

También es posible personalizar las sugerencias de IntelliSense mediante la instalación de **extensiones** o ajustando la configuración de VSCode. Por ejemplo, algunas extensiones pueden agregar soporte para nuevos lenguajes o bibliotecas, lo que puede mejorar la calidad de las sugerencias de IntelliSense para esos lenguajes o bibliotecas.

## 3.3 REFACTORIZACIÓN DE CÓDIGO

Si reflexionas acerca de cómo empleas tu tiempo como desarrollador de software, es evidente que lees y escribes mucho más código relacionado con proyectos de código heredado, que creado desde cero. Una técnica bastante frecuente al trabajar con código legado es **refactorizar**.

Esta es una técnica disciplinada para reestructurar una parte de código existente, alterando su estructura interna sin cambiar su comportamiento externo. Consiste en una serie de pequeñas transformaciones que conservan el comportamiento. Cada transformación, llamada **refactorización de código**, hace poco, pero una secuencia de ellas puede producir una reestructuración significativa. Dado que cada refactorización es pequeña, es menos probable que salga mal. El sistema se mantiene en pleno funcionamiento después de cada una, lo que reduce las posibilidades de que se rompa gravemente durante la reestructuración. Cuando refactorizas, deberías tener objetivos específicos y problemas que quieras evitar como origen del refactor.

Veamos los objetivos a perseguir:

- Legibilidad del código de producción
- Legibilidad del código de los tests
- Cuatro reglas del diseño simple
- Criterios de diseño
- Alta cohesión y bajo acoplamiento
- Código limpio
- Arquitectura limpia
- Testeabilidad
- Principios SOLID (indican cómo organizar funciones y estructuras de datos en componentes y cómo dichos componentes deben estar interconectados)

Problemas por evitar:

- Código duplicado
- Clases o funciones grandes
- Código con muchos bucles y/o condicionales.
- Code smells en arquitectura
- Code smells en el código
- Obsesión primitiva
- Código desodorante (eliminar el olor sin eliminar la causa. Ejemplos: comentarios y espacio en blanco vertical para mayor claridad)

La refactorización de código es una función que está disponible en muchos editores de código, incluyendo VSCode. Se utiliza para mejorar la calidad del código al hacerlo más fácil de entender, mantener y extender, sin cambiar su comportamiento.

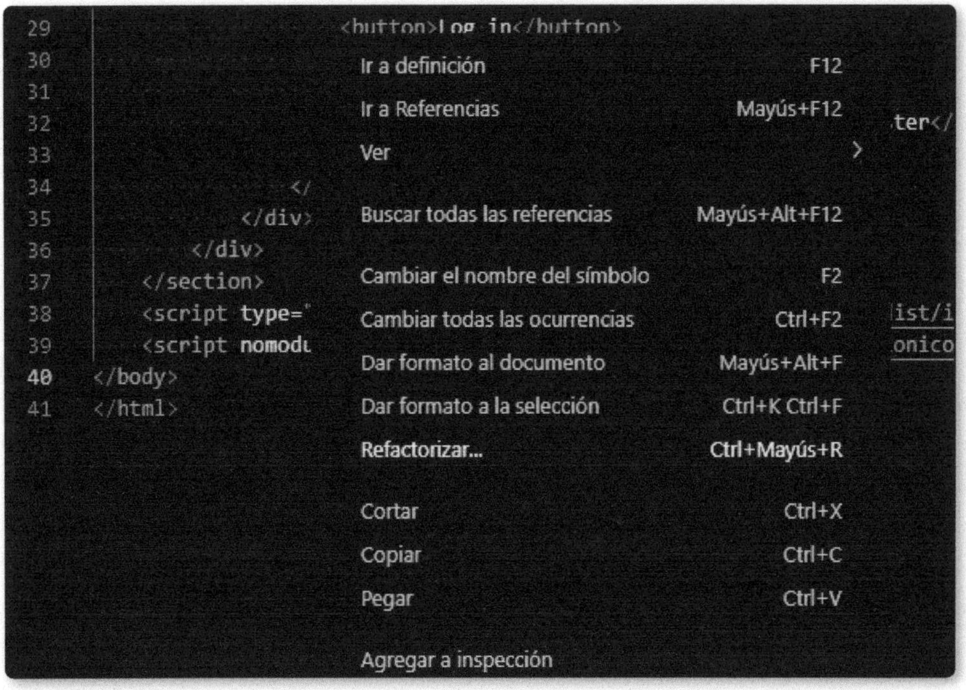


**Figura 3.7.** Función refactorizar.

La refactorización de código en VSCode puede realizarse a través de diferentes acciones. Algunas de las más comunes incluyen:

- **Renombrar**: permite cambiar el nombre de una variable, función, clase, o cualquier otro elemento del código. Cuando cambias el nombre de un elemento, VSCode actualiza automáticamente todas las referencias que haya a él.
- **Extraer función**: se usa para seleccionar un fragmento de código y convertirlo en una función separada. Esto puede hacer que el código sea más fácil de entender y reutilizar.
- **Mover**: permite mover una función, clase, archivo o cualquier otro elemento del código a otro lugar en el proyecto. Cuando mueves un elemento, VSCode actualiza automáticamente todas las referencias que haya a él.
- **Eliminar**: elimina un elemento del código que ya no se utiliza o es redundante.

Las acciones rápidas, que están disponibles desde el icono de la bombilla o el destornillador, permiten refactorizar código alineado. Son un modo fácil de corregir advertencias comunes de forma rápida y eficaz en el código de C#, C++ y Visual Basic. Para obtener acceso a ellas, haz clic con el botón derecho en un subrayado ondulado de advertencia y selecciona **Acciones rápidas y refactorizaciones**. También, cuando el cursor esté en la línea con el subrayado ondulado de color, puedes presionar **CTRL+O**, seleccionar la bombilla, la bombilla de error o el icono de destornillador en el margen. Verás una lista de posibles correcciones o refactorizaciones que puedes aplicar a esa línea de código (**Figura 3.8.**).

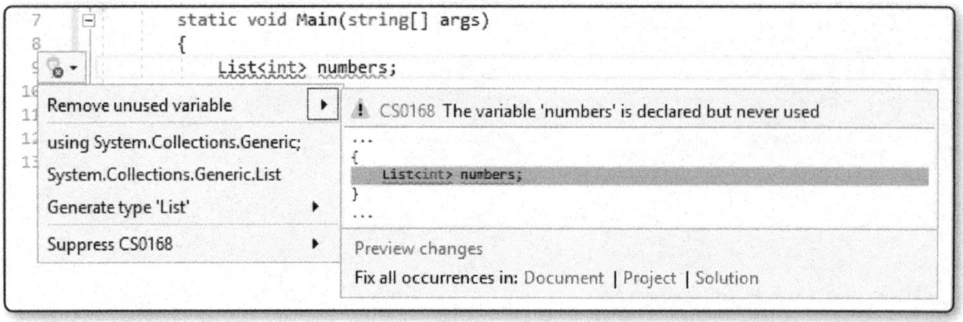


**Figura 3.8.** Desde aquí puedes refactorizar el código.

Las acciones rápidas pueden usarse siempre que los analizadores de código determinen que hay una posibilidad de corregirlo, refactorizarlo o mejorarlo. Haz clic en cualquier línea de código, pulsa el botón derecho para abrir el menú contextual y selecciona **Acciones rápidas y refactorizaciones**. Si hay opciones disponibles de refactorización o de mejora, aparecerán a la vista.

En caso contrario, se mostrará el mensaje **No hay disponibles acciones rápidas** en la esquina inferior izquierda del IDE.

**Figura 3.9.** Desde aquí puedes refactorizar el código.

Con experiencia, puedes usar rápidamente las teclas de dirección y **CTRL+** para comprobar las oportunidades de refactorización fáciles y limpiar el código.

## 3.4 EDICIÓN DE CÓDIGO CON EMMET

Emmet es una herramienta de productividad que se utiliza para la edición de código HTML y CSS en el editor de código VSCode. Permite a los desarrolladores escribir un código más rápido y eficiente al crear abreviaturas o atajos que se expanden en fragmentos de código más largos. Para utilizar esta herramienta en VSCode, primero debes instalar la extensión Emmet desde la tienda de extensiones de VSCode. Una vez que la tengas lista, podrás comenzar a escribir tus abreviaturas.

Por ejemplo, si deseas escribir una etiqueta **HTML <div>** con una clase **CSS** llamada **container**, puedes escribir el siguiente código:

```
div.container
```

Luego, presiona la tecla **TAB**, y Emmet expandirá automáticamente el código en el siguiente fragmento:

```
<div class=container></div>
```

Otro ejemplo: si deseas crear una lista desordenada **HTML <ul>** con tres elementos **<li>**, puedes escribir lo siguiente:

```
ul>li*3
```

Y al presionar **TAB**, Emmet creará el siguiente fragmento de código:

```
<ul>
    <li></li>
    <li></li>
    <li></li>
</ul>
```

Emmet también admite la anidación de elementos y la repetición de patrones. Por ejemplo, para crear una estructura de una página web básica con encabezado, cuerpo y pie de página, puedes escribir lo siguiente:

```
header+main+footer
```

Luego, presionas **TAB** y Emmet creará la estructura HTML básica:

```
<header></header>
<main></main>
<footer></footer>
```

En resumen, Emmet es una herramienta útil para acelerar el proceso de codificación en HTML y CSS. Al crear abreviaturas, puedes escribir menos y crear más, lo que te permite ser más productivo en tu flujo de trabajo de desarrollo web en VSCode.

## 3.5 EDICIÓN DE CÓDIGO CON SNIPPETS

La edición de código con snippets en VSCode es una herramienta útil que permite ahorrar tiempo al insertar bloques de código predefinidos y personalizados en tu código actual, de manera rápida y eficiente. Los snippets son fragmentos de código reutilizables que puedes llamar mediante un atajo de teclado o con prefijos mientras escribes en el editor.

Básicamente, son plantillas de código que se almacenan en un archivo **JSON** en VSCode y se activan mediante un atajo de teclado o a través de la selección de un snippet en una lista desplegable. Los snippets pueden ser personalizados y creados por el usuario, o pueden ser proporcionados por las extensiones de VSCode o por la comunidad de desarrolladores.

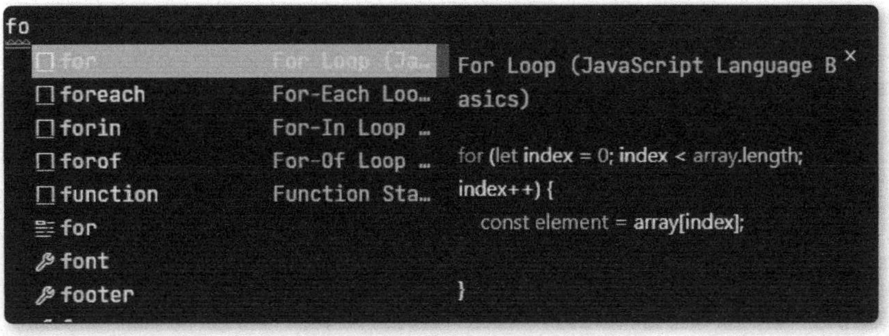


**Figura 3.10.** Ejemplo de snippet.

Para utilizar los snippets, primero debes activar la paleta de comandos en VSCode presionando **CTRL+SHIFT+P** en Windows o Linux, o **CMD+SHIFT+P** en Mac. Luego, busca **Insertar snippet** y elige la opción **Insertar snippet** para abrir el editor (Figura 3.11.).

VSCode te sugiere ayuda con IntelliSense al estar escribiendo. Entre ellas se encuentran los snippets, identificados mediante un cuadrado, el prefijo utilizado y el título del snippet (Figura 3.12.).

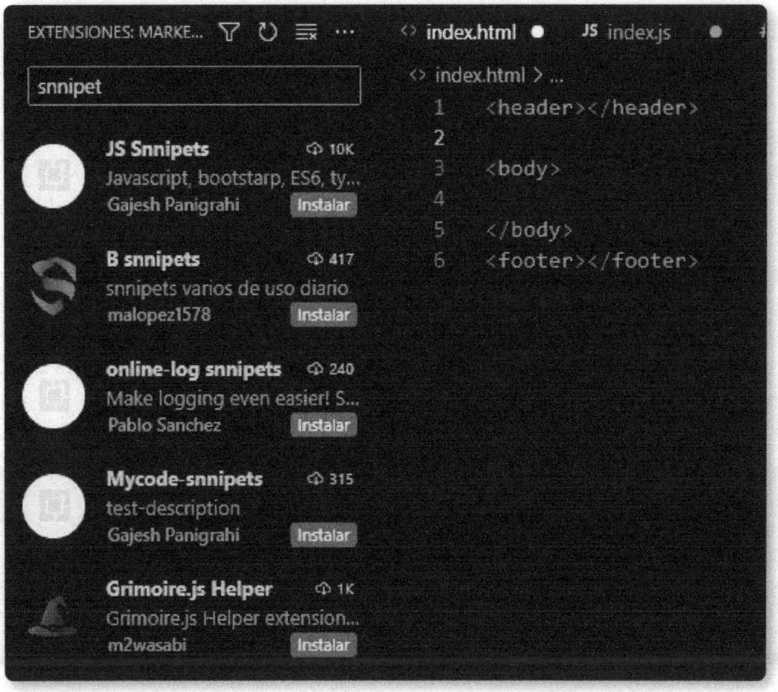


**Figura 3.11**. Galería de snippets para descargar como extensiones.

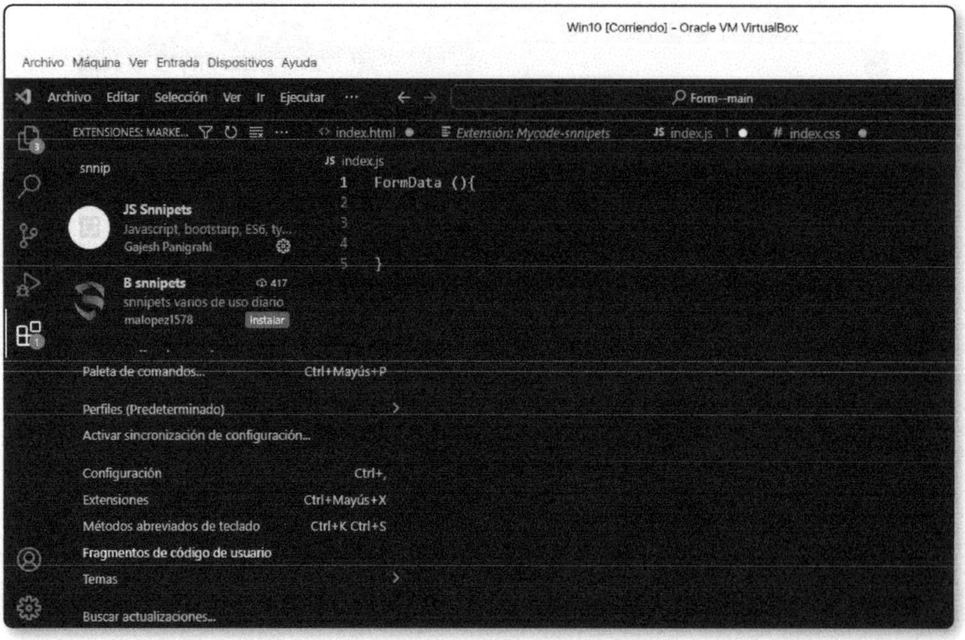


**Figura 3.12.** Acceso a los snippets, en español, fragmentos de código de usuario.

En el editor de snippets, puedes agregar, modificar o eliminar snippets de tu archivo **JSON** de snippets personalizado. También puedes agregar otros específicos de lenguaje en el archivo de configuración de lenguaje asociado. Una vez que tengas los snippets configurados, puedes insertarlos en tu código actual escribiendo el atajo de teclado o seleccionando el que quieras de la lista desplegable. Los snippets también pueden tener placeholders, que permiten ingresar valores personalizados en el bloque de código que estás insertando.

Para abrir un archivo de fragmento con el fin de editarlo, hazlo como se indica en la **Figura 3.13**. Puedes definir tus propios fragmentos para idiomas específicos; los fragmentos se definen en formato **JSON**.

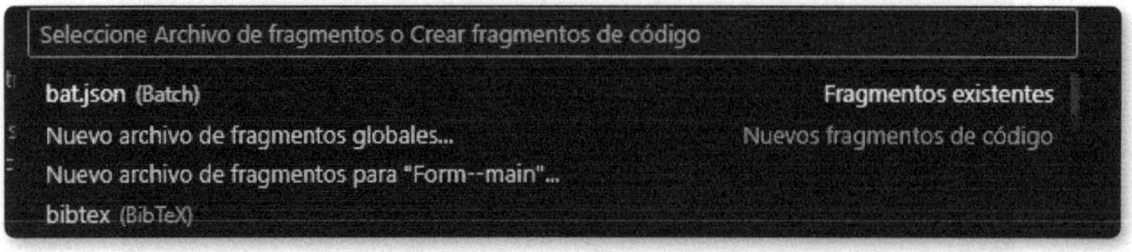


**Figura 3.13.** Edición de un snippet.

El siguiente ejemplo es un **For Loop** fragmento de JavaScript:

```
"For Loop": {
      "prefix": "for",
      "body": [
        "for (var ${index} = 0; ${index} < ${array}.length; ${index}++) {",
        "\tvar ${element} = ${array}[${index}];",
        "\t$0",
        "}"
      ],
      "description": "For Loop"
},
```

- **for loop** es el nombre del fragmento.
- **prefix** define un prefijo utilizado en el menú desplegable de IntelliSense; en este caso, **for**.
- **body** es el contenido del fragmento.

  Las variables posibles son:
  - **$1**, **$2** para tabulaciones
  - **${id}** y **${id:label}** y **${1:label}** para variables
  - Las variables con el mismo id están conectadas.
- **description** es la descripción utilizada en el menú desplegable de IntelliSense.

Dependiendo de la plataforma, el archivo de fragmentos de usuario se encuentra aquí:

```
Windows
%APPDATA%\Code\User\snippets\(language).json

Mac
$HOME/Library/Application Support/Code/User/snippets/(language).json

linux $HOME/.config/Code/User/snippets/(language).json
```

- **(language).json** depende del idioma de destino de los fragmentos (por ejemplo, **markdown.json** para fragmentos de Markdown).

A continuación, se muestra un manifiesto de ejemplo para los fragmentos de Markdown:

```
{
   "name": "DM-Markdown",
   "publisher": "mscott",
```

```
    "description": "Dunder Mifflin Markdown snippets",
    "version": "0.1.0",
    "engines": { "vscode": "0.10.x" },
    "categories": ["Snippets"],
    "contributes": {
      "snippets": [
        {
          "language": "markdown",
          "path": "./snippets/markdown.json"
        }
      ]
    }
}
```

Ten en cuenta que los fragmentos deben asociarse con un **language** identificador. Puede ser un idioma compatible directamente con VSCode o uno proporcionado por una extensión. Asegúrate de que el **language** identificador sea correcto.

Este capítulo estuvo enfocado en diversas herramientas y técnicas que pueden utilizarse para mejorar la productividad y la eficiencia en la edición de código con Visual Studio Code. Desde la edición de múltiples archivos hasta la refactorización de código, pasando por el uso de funciones como IntelliSense, Emmet y snippets, se presentan diferentes opciones para optimizar el proceso de desarrollo. En general, estas herramientas y técnicas pueden ayudar a los programadores a reducir el tiempo que dedican a tareas repetitivas y a aumentar la calidad del código producido. En resumen, este capítulo proporciona un conjunto útil de consejos y técnicas para ayudar a trabajar de manera más eficiente con Visual Studio Code.

## 3.6 ACTIVIDADES

A continuación se presentan las preguntas y los ejercicios que deberías saber responder y resolver para considerar aprendido el capítulo.

### 3.6.1 Test de autoevaluación

1. *¿Qué diferencias hay entre snippet y Emmet?*
2. *¿Para qué se refactoriza dentro de VSCode?*
3. *¿Cómo abres varios archivos de una sola vez?*

### 3.6.2 Ejercicios prácticos

1. *Cree una extensión de fragmentos.*

# 4

# USO DE EXTENSIONES

Una de las características más destacadas de VSCode es la gran cantidad de extensiones disponibles capaces de mejorar significativamente la productividad de los desarrolladores, quienes pueden personalizar su entorno de trabajo y ser más eficientes al trabajar con diferentes lenguajes de programación y herramientas.

## 4.1 ¿QUÉ SON LAS EXTENSIONES?

Las extensiones son programas informáticos que se utilizan para agregar funcionalidad adicional a un software ya existente, con el fin de mejorar su rendimiento y adaptarlo a las necesidades específicas de los usuarios.

En el contexto de los editores de código, como Visual Studio Code o Sublime Text, las extensiones suelen estar diseñadas para mejorar la experiencia de programación de los usuarios.

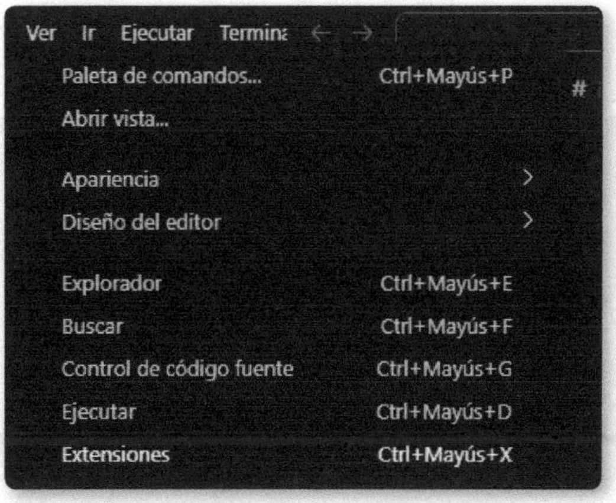


**Figura 4.1.** Menú de acceso a Extensiones.

Algunas de las funcionalidades que pueden agregar las extensiones son: resaltado de sintaxis, autocompletado, depuración e integración con herramientas de control de versiones, entre otras. Las extensiones son una forma efectiva de personalizar el software y adaptarlo a las necesidades específicas de cada usuario. Además, la gran cantidad de extensiones disponibles en los distintos tipos de software te permitirá encontrar herramientas especializadas para tus tareas de programación, lo que aumentará tu eficiencia y productividad.

## 4.1.1 Instalación y administración de extensiones

Para obtener información sobre la creación de extensiones de Visual Studio, puedes consultar Visual Studio SDK. Si deseas obtener información sobre el uso de extensiones, revisa la página de la extensión en Visual Studio Marketplace.

- **Visual Studio SDK:**
  Información desde el siguiente *enlace*.

- **Visual Studio Marketplace:**
  Puedes ver la información desde el siguiente *enlace*.

La instalación y administración de extensiones en Visual Studio Code es un proceso sencillo que se puede realizar en unos pocos pasos:

## 4.1.2 Instalación de extensiones en VSCode

Para instalar una extensión en VSCode, realiza estos pasos:

**PASO 1**

Abre VSCode y haz clic en el icono de la barra lateral izquierda que dice **Extensiones** o presiona **CTRL+SHIFT+X**.

**PASO 2**

Busca la extensión que quieras instalar utilizando la barra de búsqueda, en la parte superior de la ventana **Extensiones**.

**PASO 3**

Presiona en el botón **Instalar** junto a la extensión deseada.

**PASO 4**

Espera a que se complete la instalación.

### 4.1.3 Administración de extensiones en VSCode

Para administrar las extensiones instaladas en VSCode, realiza los siguientes pasos:

**PASO 1**

Abre VSCode y haz clic en el icono de la barra lateral izquierda que dice **Extensiones** o presiona **CTRL+SHIFT+X**.

**PASO 2**

Presiona en el icono de engranaje en la parte superior derecha de la ventana de **Extensiones**.

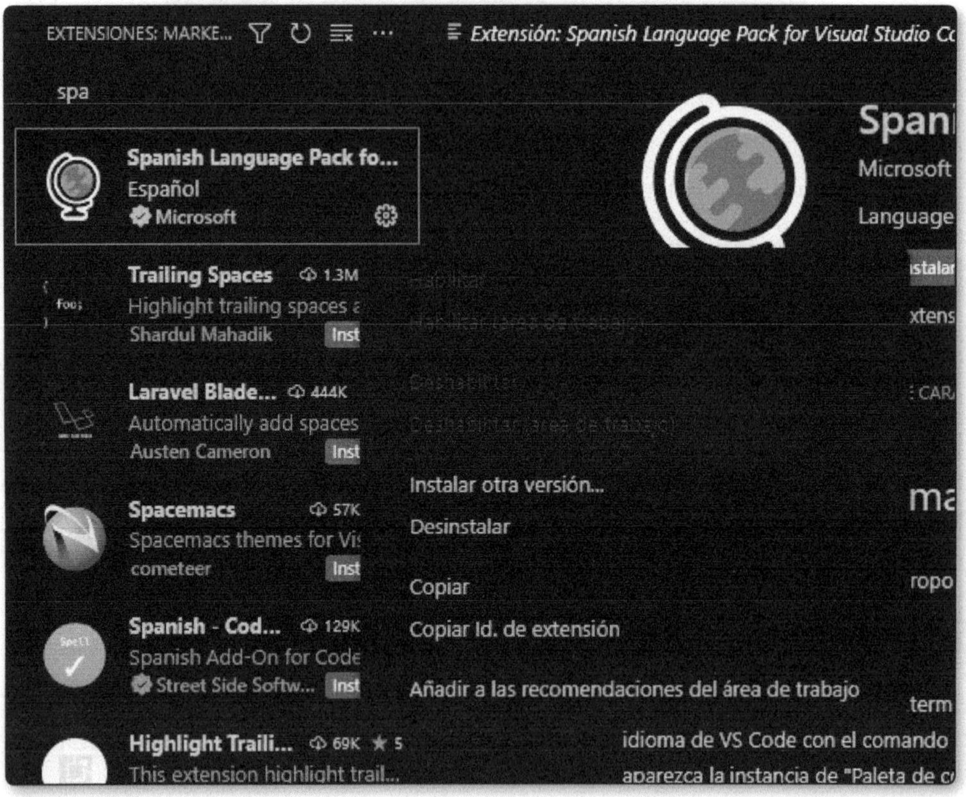


**PASO 3**

Selecciona **Administrador de extensiones** en el menú desplegable.

Aquí puedes **desactivar**, **desinstalar** o **actualizar** las extensiones instaladas.

Además, VSCode también proporciona comandos de teclado y de la línea de comandos para la gestión de extensiones.

Por ejemplo, puedes usar **CTRL+SHIFT+P** para abrir la **paleta de comandos** y buscar comandos relacionados con extensiones, como **Instalar extensión**, **Desinstalar extensión** y **Actualizar todas las extensiones**.

También puedes utilizar la línea de comandos de VSCode para instalar, desinstalar y actualizar extensiones, usando **code —install-extension**, **code —uninstall-extension** y **code —list-extensions**, respectivamente.

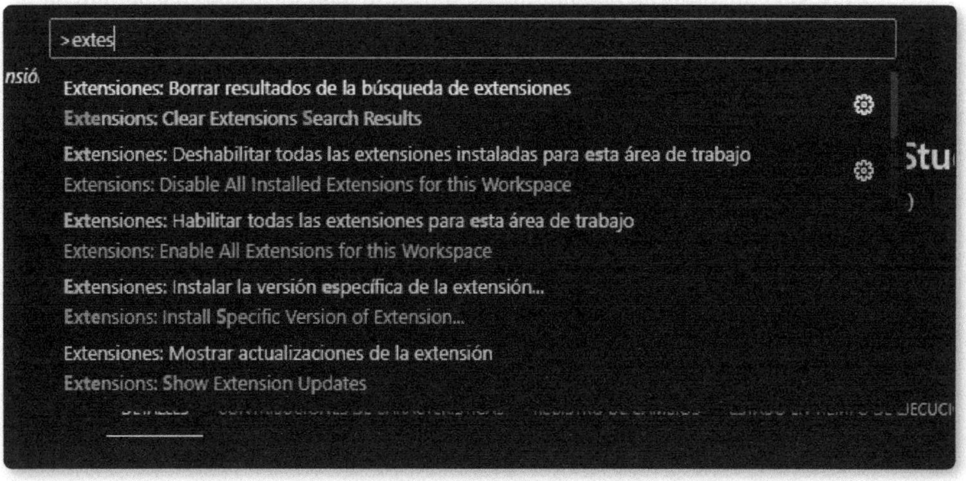


**Figura 4.2.** Paleta de comandos.

Es posible que las extensiones empaquetadas en archivos **.vsix** estén disponibles en otras ubicaciones que no sean Visual Studio Marketplace. El cuadro de diálogo **Extensiones/Administrar extensiones** no puede detectar estos archivos, pero puedes instalar un archivo **.vsix** si haces doble clic en él o si seleccionas y presionas **ENTER**.

Después de hacerlo, solo tienes que seguir las instrucciones.

Una vez instalada la extensión, usa el cuadro de diálogo **Administrar extensiones** para habilitarla, deshabilitarla o desinstalarla.

Instalar y administrar extensiones en VSCode es fácil y se puede hacer a través de la interfaz de usuario o de la línea de comandos, lo que permite una gran flexibilidad y personalización en la configuración del editor.

## 4.2 EXTENSIONES MÁS POPULARES PARA EL DESARROLLO WEB

Existe una gran cantidad de extensiones que pueden ayudar a los desarrolladores a mejorar su productividad y a desarrollar aplicaciones web más eficientes. A continuación, presentamos algunas de las más populares para el desarrollo web en VSCode:

**Live Server**: permite ejecutar una aplicación web localmente y actualizar de manera automática el navegador cuando se detectan cambios en los archivos.

**Figura 4.3.** Pantalla de descarga de Live Server.

**Prettier**: es una herramienta de formateo de código que ayuda a mantener el código limpio y organizado. Formatea automáticamente el código al guardar el archivo (**Figura 4.4.**).

**Bracket Pair Colorizer**: resalta los pares de corchetes, llaves y paréntesis en diferentes colores, lo que facilita la identificación de errores de sintaxis (**Figura 4.5.**).

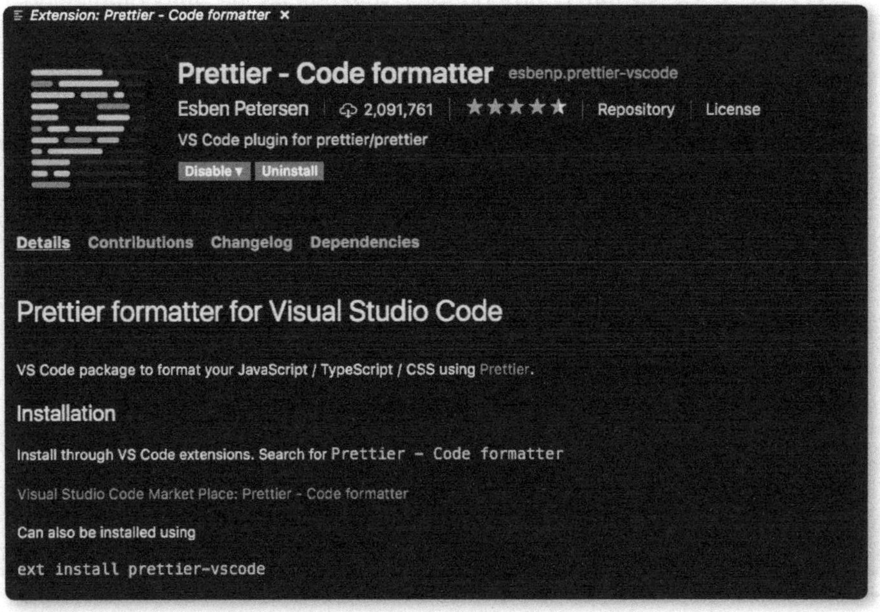


Figura 4.4. Prettier desde el market de VSCode.

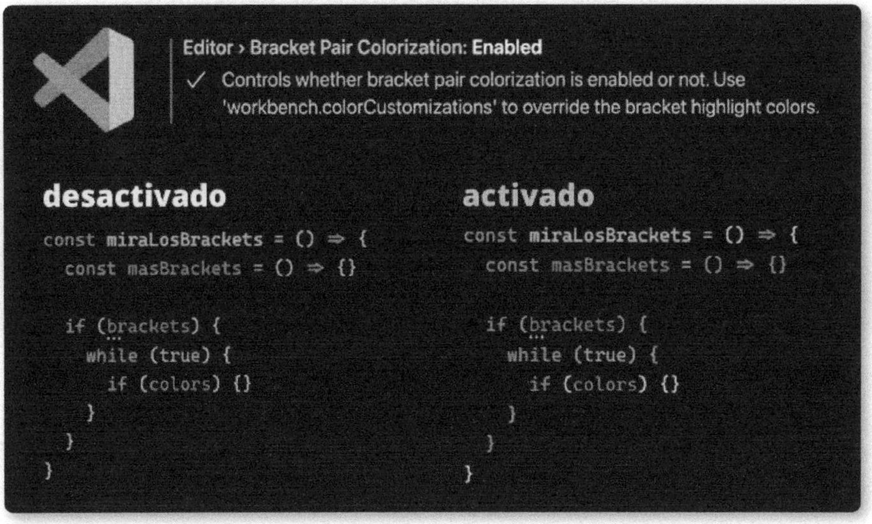


Figura 4.5. Bracket Pair Colorizer activado o desactivado.

**HTML CSS Support**: proporciona sugerencias de autocompletado para etiquetas HTML y CSS. También resalta la sintaxis de CSS y presenta una vista previa de los cambios en tiempo real.

Figura 4.6. HTML CSS Support instalado.

**IntelliSense for CSS**: brinda sugerencias de autocompletado para CSS, SCSS y Less. También resalta la sintaxis de CSS y muestra una vista previa de los cambios en tiempo real.

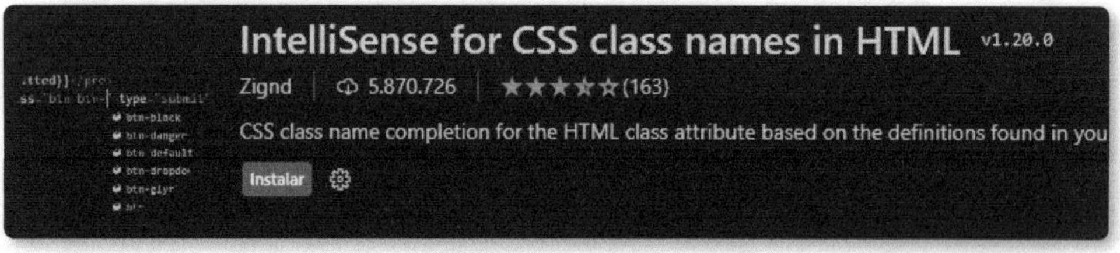


Figura 4.7. IntelliSense for CSS.

**ES Lint**: es una herramienta de análisis estático de JavaScript que ayuda a detectar y corregir errores de código. Permite integrar ESLint en VSCode (**Figura 4.8.**).

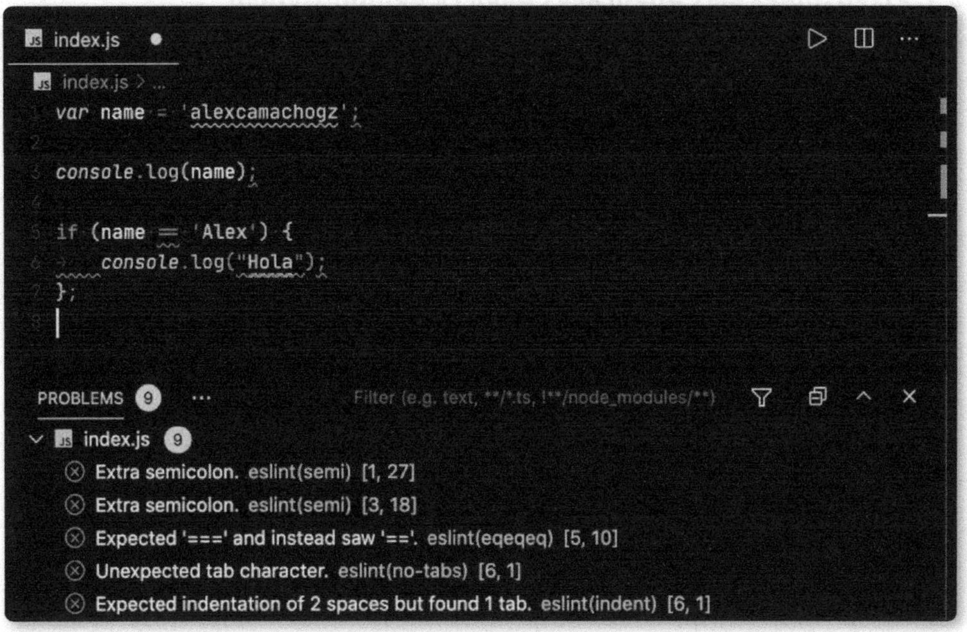


**Figura 4.8.** ES Lint en acción.

**Code Runner**: permite ejecutar fragmentos de código de manera rápida y sencilla, lo que facilita las pruebas y la depuración.

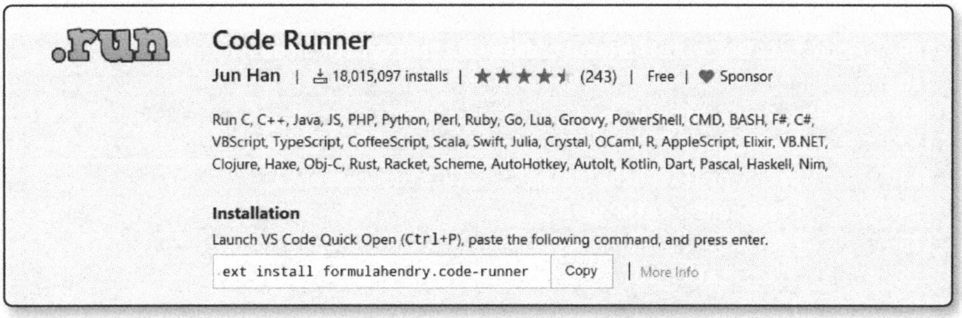


**Figura 4.9.** Página de descarga de Code Runner.

## 4.3 EXTENSIONES MÁS POPULARES PARA LA PRODUCTIVIDAD

Algunas de las extensiones más populares para la productividad en Visual Studio Code incluyen:

**Remote Development**: permite el desarrollo remoto en una variedad de entornos, como contenedores de Docker o máquinas virtuales, lo que garantiza una mayor flexibilidad en la configuración de los proyectos.

Figura 4.10. Remote Development de Microsoft.

**GitLens**: es una herramienta de integración de Git que permite ver el historial de cambios de un archivo, quién lo modificó y cuándo lo hizo. También se usa para realizar acciones de Git directamente desde VSCode.

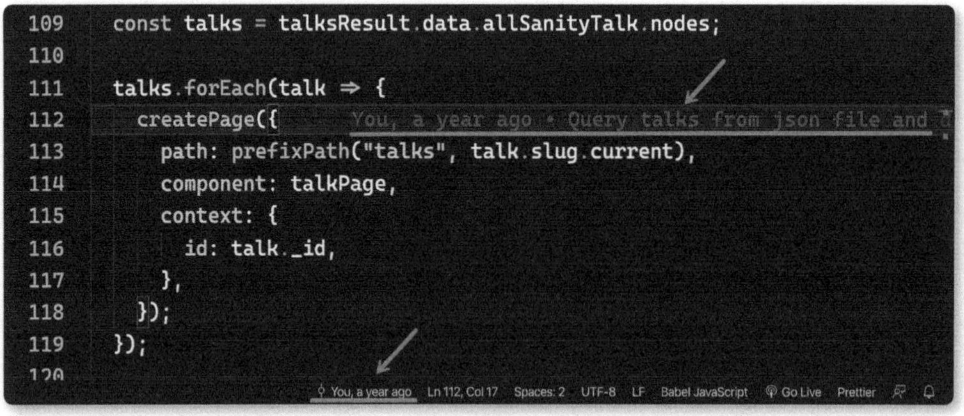


Figura 4.11. GitLens resaltando código editado anteriormente.

**Docker**: proporciona herramientas para trabajar con contenedores Docker, lo que facilita la creación y el despliegue de aplicaciones en entornos de contenedores (**Figura 4.12.**).

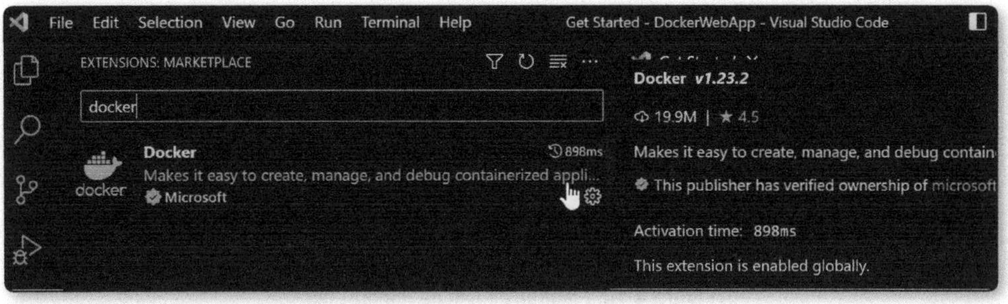


**Figura 4.12.** Instalación de extensión de Docker en VSCode.

**Todo Tree**: crea una vista jerárquica de todos los comentarios TODO y FIXME en el código, lo que ayuda a realizar un seguimiento de las tareas pendientes y los problemas conocidos.

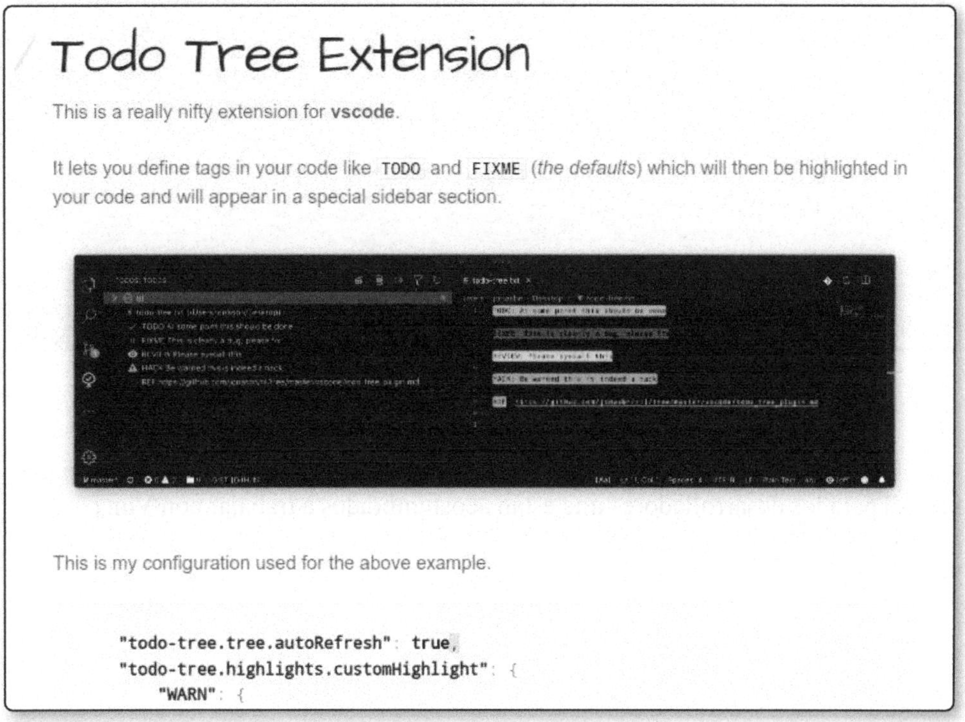


**Figura 4.13.** Página oficial del proyecto.

**Import Cost**: muestra el tamaño del paquete y la cantidad de tiempo que tarda en cargarse cada vez que se importa un módulo en el código, lo que ayuda a optimizar la carga de la página.

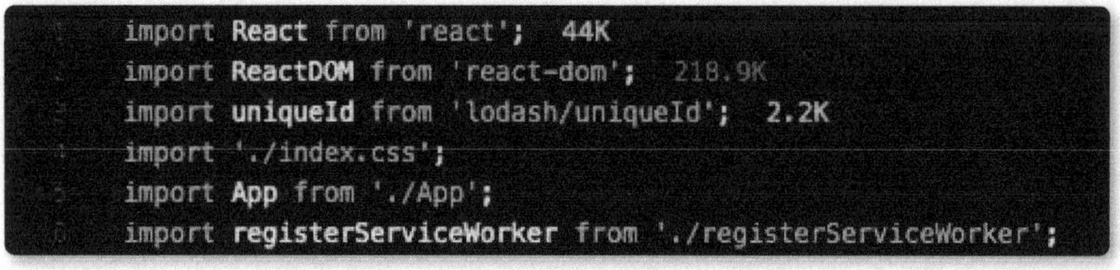


**Figura 4.14.** Ejemplo de uso de Import Cost.

**Git History**: ofrece una vista histórica de los cambios realizados en un archivo, para así facilitar el seguimiento de los cambios en el código a lo largo del tiempo.

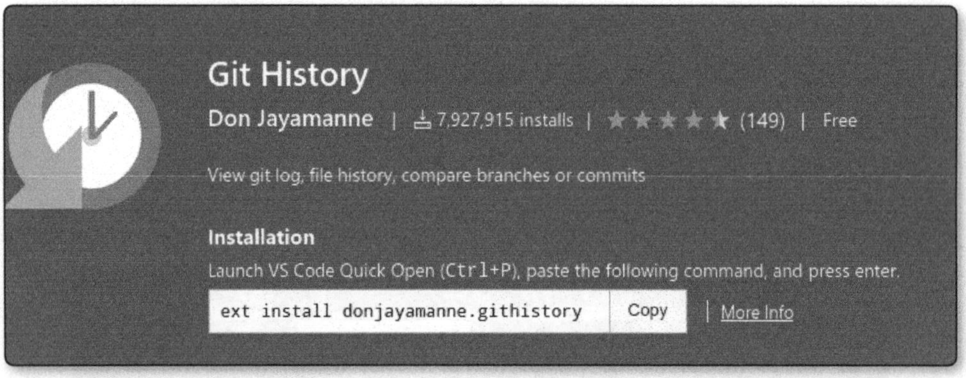


**Figura 4.15.** App en el marketplace de Microsoft.

**Vim**: permite utilizar comandos de Vim en Visual Studio Code, lo que puede ser útil para los desarrolladores que están acostumbrados a trabajar con Vim (**Figura 4.16.**).

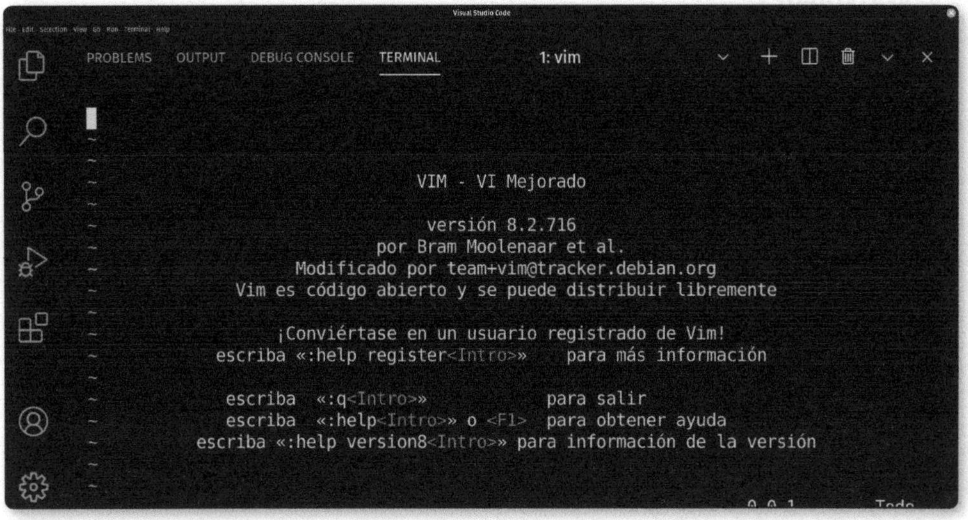


**Figura 4.16.** Vim, extensión de VSCode compatible con los comandos de esta app.

**Polacode**: se usa para crear capturas de pantalla de código con estilo, lo que puede ser útil para la documentación o para compartir código con otros.

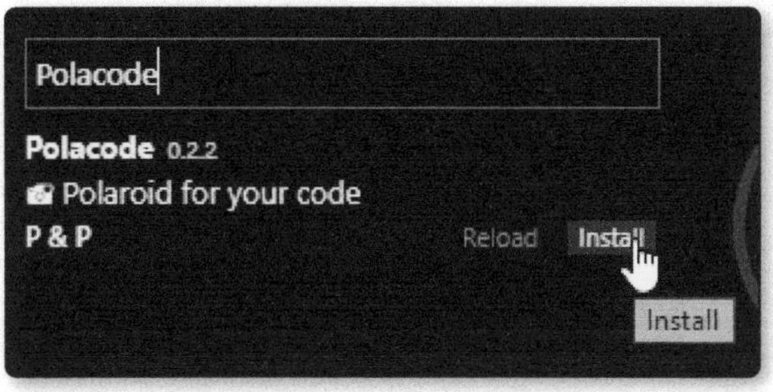


**Figura 4.17.** Ejemplo de Polacode.

Estas son solo algunas de las muchas extensiones disponibles para Visual Studio Code. Como verás, son una forma sencilla y accesible de personalizar tu entorno de trabajo, y te ayudarán a desempeñarte de manera más eficiente y efectiva.

En conclusión, las extensiones son herramientas que pueden ser instaladas en el editor de código VSCode para mejorar la productividad y la eficiencia de los desarrolladores. En este capítulo hemos aprendido sobre la instalación y administración de extensiones, así como las opciones más populares para el desarrollo web y la productividad.

## 4.4 ACTIVIDADES

A continuación se presentan las preguntas y los ejercicios que deberías saber responder y resolver para considerar aprendido el capítulo.

### 4.4.1 Test de autoevaluación

1. *¿Qué son la extensiones?*

2. *¿Qué otra alternativa tienes además del marketplace parta instalar una extensión?*

3. *¿Con qué aplicativo debes desarrollar una extensión, si quisieras hacerlo?*

### 4.4.2 Ejercicios prácticos

1. *Busca la extensión para tu idioma e instálala en VSCode.*

2. *Busca extensiones relacionadas con tu lenguaje de preferencia para desarrollar e investigar para qué se utilizan.*

# 5

# DEPURACIÓN DE CÓDIGO Y RESOLUCIÓN DE ERRORES

La depuración de código es un proceso crucial para cualquier programador, ya que permite identificar y solucionar errores. En Visual Studio Code, esta tarea se realiza mediante la configuración de una serie de opciones y el uso de herramientas como los puntos de interrupción, la inspección de variables y la consola de depuración. Como desarrollador, es frecuente encontrarse con errores en el código que pueden ser difíciles de identificar y corregir.

En este capítulo, exploraremos cómo utilizar las herramientas de depuración de VSCode, como los puntos de interrupción, la inspección de variables y la consola de depuración, para identificar y resolver errores. También discutiremos la importancia de la configuración adecuada de la depuración y cómo hacerlo en VSCode.

## 5.1 CONFIGURACIÓN DE LA DEPURACIÓN

Antes de comenzar a depurar el código, es importante configurar VSCode para que sepa cómo ejecutar el programa. Esto se hace mediante la creación de un archivo de configuración de depuración. La configuración de la depuración es el proceso de definir cómo el programa debe ser ejecutado y depurado en el entorno de desarrollo. Se establece en un archivo de configuración de depuración, que se puede crear y editar fácilmente en VSCode.

Para crear un archivo de configuración de depuración, debes hacer clic en la pestaña **Depuración** en la barra lateral de VSCode y seleccionar **Crear archivo de configuración**.

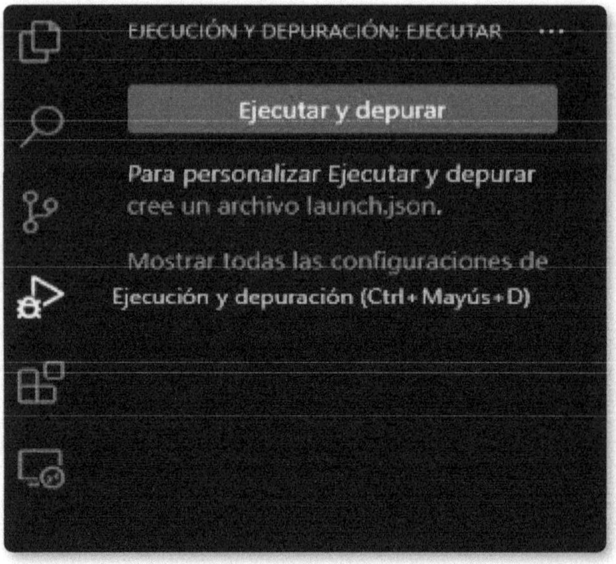


**Figura 5.1.** Botón para acceder al menú de depuración.

A continuación, se presentará una lista de configuraciones predefinidas según el lenguaje de programación que estés utilizando. Si no ves la opción adecuada para tu lenguaje, puedes agregar una configuración personalizada en el archivo correspondiente.

**Figura 5.2.** Opciones de configuración de depuración disponibles.

Una vez que hayas seleccionado la configuración adecuada, VSCode creará automáticamente un archivo de configuración **JSON** en la carpeta **.vscode** de tu proyecto. Puedes editar este archivo para cambiar la configuración de depuración según tus necesidades.

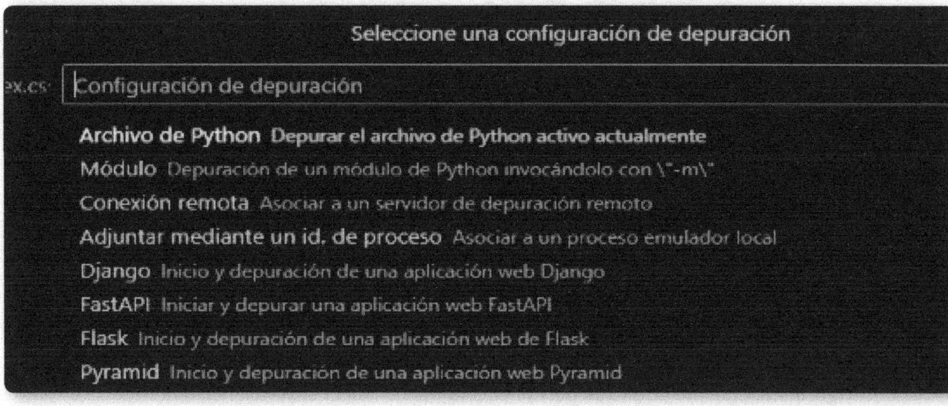


**Figura 5.3.** Configuraciones de depuración disponibles una vez seleccionado el idioma, en este caso, Python.

En el archivo de configuración de depuración, se pueden definir diferentes tipos de configuraciones, como la configuración de lanzamiento, la de adjuntos y la remota. La primera se utiliza para iniciar el programa desde cero, mientras que la configuración de adjuntos se emplea para adjuntar la depuración a un programa ya en ejecución. Por su parte, la configuración remota se usa para depurar un programa que se ejecuta en un entorno remoto, como un servidor.

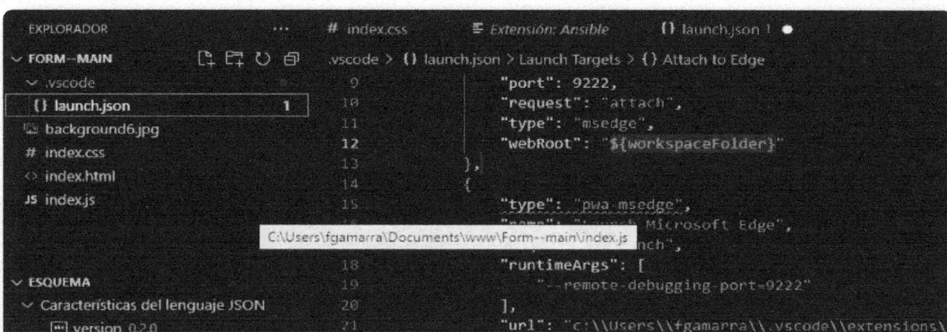


**Figura 5.4.** Estructura de archivos una vez creado el JSON.

## 5.2 USO DE PUNTOS DE INTERRUPCIÓN

Los **puntos de interrupción** son herramientas esenciales para la depuración de código. Permiten pausar la ejecución del programa en un punto específico para que pueda examinar el estado de las variables y determinar qué está causando el error.

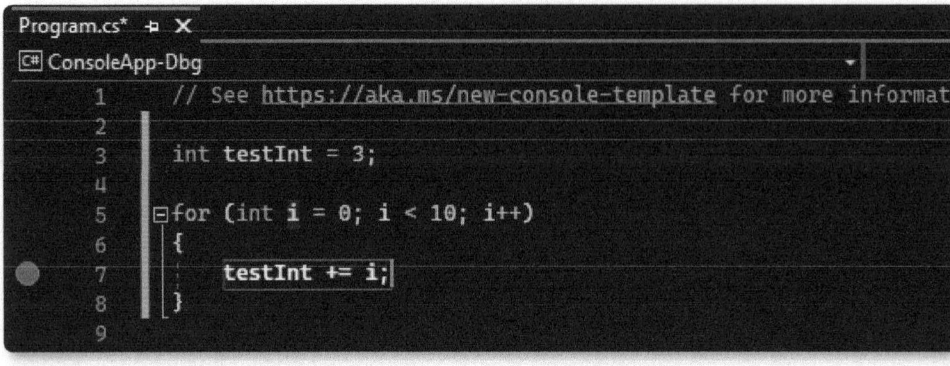


**Figura 5.5.** Ejemplo de uso de puntos de interrupción en el desarrollo de una app.

Un punto de interrupción es una herramienta utilizada en el proceso de depuración de código que permite detener la ejecución del programa en un punto específico del código. Una vez que se alcanza el punto de interrupción, el programador puede examinar el estado del programa, incluyendo los valores de las variables, el estado de la pila de llamadas y el contenido de la memoria.

Para usar un punto de interrupción en VSCode, sigue estos pasos:

## PASO 1

Abre el archivo de **código fuente** que deseas depurar en VSCode.

Coloca el cursor en la línea de código donde quieres establecer el punto de interrupción.

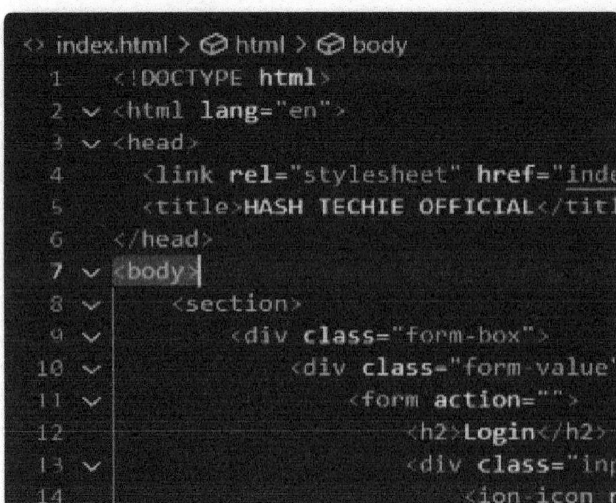

## PASO 2

Haz clic en el número de línea en la barra lateral izquierda para establecer el punto de interrupción. También puedes presionar **F9** en el teclado para establecer un punto de interrupción en la línea actual.

Una vez que se establece el punto de interrupción, aparecerá un círculo rojo en el número de línea seleccionado en la barra lateral.

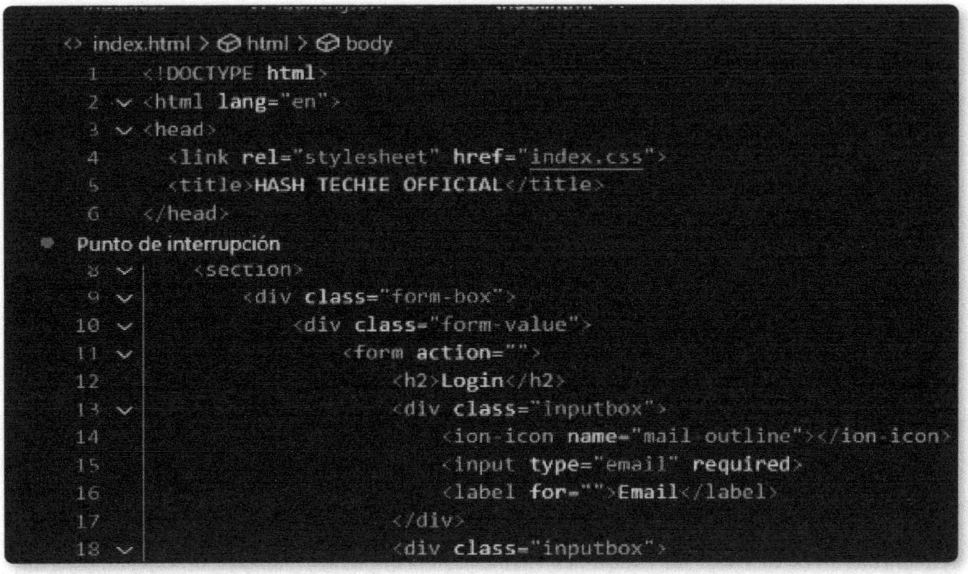


## PASO 3

Inicia el proceso de depuración haciendo clic en el botón **Run** en la barra de herramientas de VSCode o presionando **F5** en el teclado.

Cuando el programa alcance el punto de interrupción, se detendrá y se abrirá una vista de depuración en VSCode.

En la vista de depuración, puedes examinar el estado actual del programa y continuar depurando por medio de las opciones en la barra de herramientas. Algunas de las características avanzadas que se pueden utilizar con puntos de interrupción en VSCode incluyen:

- **Condiciones de punto de interrupción**: puedes agregar condiciones a los puntos de interrupción para que se activen solo si se cumple una condición específica. Por ejemplo, puedes establecer un punto de interrupción solo si cierta variable tiene un valor determinado.

- **Puntos de interrupción de registro**: estos puntos se utilizan para detener la ejecución del programa solo cuando una variable o una ubicación específica de la memoria cambia su valor. Esto puede ser útil para depurar problemas que únicamente ocurren en situaciones particulares.
- **Puntos de interrupción de excepción**: se emplean para detener la ejecución del programa cuando se produce una excepción específica. Esto puede ser útil para depurar problemas relacionados con excepciones no controladas.

Puedes ampliar estos temas en la documentación oficial de Microsoft, desde este *enlace*.

## 5.3 INSPECCIÓN DE VARIABLES

La inspección de variables es una herramienta que permite ver el valor de una variable mientras se está depurando el código. Es especialmente útil cuando se está tratando de encontrar un error o cuando se quiere verificar si el valor de una variable es el esperado en un momento específico durante la ejecución del programa. Una vez que el programa se ha detenido en un punto de interrupción, es posible examinar el estado de las variables para ayudar a determinar la causa del error.

Para hacer esto, usa la pestaña **Variables** en la barra lateral de depuración. Allí puedes ver el valor de todas las variables en el ámbito actual.

Para utilizar la inspección de variables en VSCode, debes realizar los siguientes pasos:

**PASO 1**

Coloca un punto de interrupción en el código, haciendo clic en la línea de código en la que quieres detener la ejecución del programa y presionando la tecla **F9**, o haciendo clic en el margen izquierdo de la línea de código.

**PASO 2**

Inicia la depuración del programa. Para hacerlo, debes pulsar en el botón de **Depuración**, en la barra lateral izquierda de VSCode, y luego seleccionar la opción **Iniciar depuración** o presionar la tecla **F5**.

**PASO 3**

Una vez que el programa se detiene en el punto de interrupción, puedes acceder a la inspección de variables haciendo clic en el icono de la lupa en la barra de herramientas superior o presionando la tecla **F9**.

En la ventana **Inspección de variables**, verás las variables que están en el alcance actual del programa.

Al hacer clic en una de ellas, se mostrará su valor en la ventana.

**PASO 4**

Si quieres seguir ejecutando el programa, puedes hacer clic en el botón **Continuar** en la barra de herramientas superior de VSCode o presionar la tecla **F5**. Para frenar la depuración, pulsa el botón **Detener** o presiona las teclas **SHIFT+F5**.

La inspección de variables en VSCode es una herramienta muy útil para depurar programas y verificar el valor de variables en tiempo de ejecución.

La consola de depuración en VSCode permite a los desarrolladores depurar el código y encontrar errores en tiempo real. Es fácil de usar y proporciona una gran cantidad de información sobre el código en ejecución. Para acceder a ella, dirígete al menú **Ver** y selecciona la **consola de depuración**.

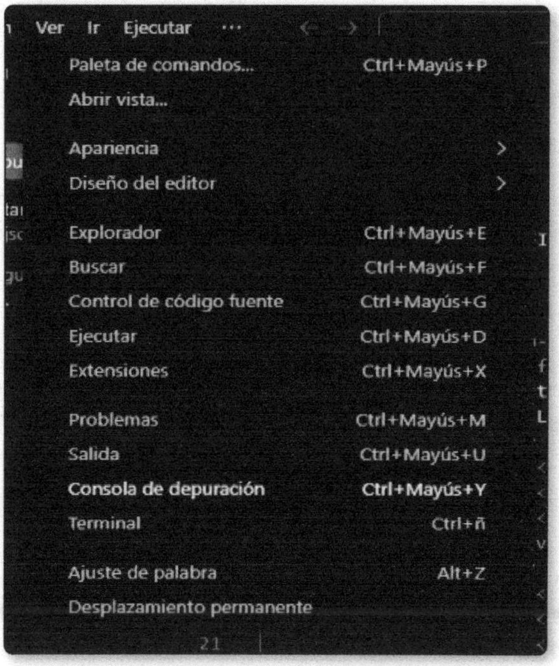


**Figura 5.6.** Acceso a la consola de depuración.

A continuación se detallan los pasos para utilizar la consola de depuración en VSCode:

**PASO 1**

Abre el archivo que deseas depurar en VSCode.

**PASO 2**

Agrega **puntos de interrupción** en el código donde deseas que comience la depuración.

**PASO 3**

Abre la pestaña **Depurar** en el panel lateral de VSCode.

**PASO 4**

Haz clic en el botón **Agregar configuración** y selecciona el tipo de configuración que deseas para la depuración. Por ejemplo, puedes seleccionar **Node.js** si estás trabajando con Node.js.

**PASO 5**

Establece la configuración de depuración según tus necesidades. Puedes especificar el archivo que deseas depurar, la ruta de acceso al archivo, etc.

**PASO 6**

Haz clic en el botón **Iniciar depuración** en la esquina superior izquierda de la pestaña **Depurar**.

**PASO 7**

El código se ejecutará hasta el primer punto de interrupción y se detendrá. Puedes utilizar la consola de depuración para inspeccionar las variables y ver los valores que tienen en ese momento.

PASO 8

Usa los botones de depuración en la barra de herramientas para avanzar y retroceder en el código y continuar con el procedimiento.

PASO 9

Una vez que hayas terminado de depurar, detén la depuración presionando el botón **Detener** en la barra de herramientas.

## 5.4 RESOLUCIÓN DE ERRORES

Visual Studio Code es un editor de código fuente muy popular utilizado por muchos desarrolladores para escribir y depurar código. Es posible que en algún momento te encuentres con errores mientras trabajas con VSCode, lo que puede afectar tu capacidad para trabajar de manera eficiente. Para solucionar estos errores, hay algunos pasos que puedes seguir:

**Comprender el error**: lo primero que debes hacer es leer y comprender el mensaje de error. VSCode a menudo proporciona información detallada sobre él, como el tipo de error, la ubicación en el código y una descripción del problema. Comprender esta información te ayudará a solucionar el inconveniente con más rapidez.

**Verificar la sintaxis**: uno de los errores más comunes que puedes encontrar en VSCode es de sintaxis. Esto significa que hay algún problema en la estructura del código que estás escribiendo. Asegúrate de que el código esté correctamente formateado y que no haya errores de ortografía o de puntuación.

**Utilizar herramientas de depuración**: VSCode trae una serie de herramientas de depuración integradas que pueden ayudarte a solucionar problemas. Por ejemplo, puedes utilizar el depurador integrado para ejecutar el código línea por línea y ver dónde se produce el error. También puedes utilizar la consola integrada para ver los resultados del código y detectar problemas.

**Buscar soluciones en línea**: si no puedes solucionar el error por tu cuenta, es posible que puedas encontrar soluciones en línea. Hay muchos foros y comunidades de desarrolladores dispuestas a ayudarte. También puedes buscar en la documentación de VSCode o en la del lenguaje de programación que estés utilizando para obtener más información.

**Actualizar VSCode**: si todo lo demás falla, es posible que debas actualizar VSCode a la última versión disponible. Las actualizaciones suelen incluir correcciones de errores y nuevas características que pueden contribuir a resolver problemas.

En este capítulo hemos cubierto varias técnicas para solucionar problemas en el código. En primer lugar, explicamos la importancia de la depuración del código y describimos cómo configurar la depuración en Visual Studio Code.

Luego, discutimos el uso de puntos de interrupción para detener la ejecución del código en un punto específico. Los puntos de interrupción son herramientas útiles para analizar el estado del programa en un momento determinado.

A continuación, describimos cómo inspeccionar variables durante la depuración del código. Este procedimiento permite a los desarrolladores ver los valores de las variables en tiempo real y detectar errores en el código.

Otra herramienta importante es la consola de depuración, que se emplea para imprimir mensajes y ver los resultados de las operaciones en tiempo real. Por último, cubrimos algunas técnicas para la resolución de errores. Esto incluye la comprensión de los mensajes de error y la búsqueda de soluciones en línea, así como la actualización de Visual Studio Code si es necesario.

En resumen, este capítulo proporciona información valiosa sobre cómo depurar el código y solucionar problemas en Visual Studio Code. Desde la configuración de la depuración hasta el uso de puntos de interrupción y la inspección de variables, los desarrolladores pueden utilizar estas herramientas para resolver errores de manera eficiente y efectiva.

## 5.5 ACTIVIDADES

A continuación se presentan las preguntas y los ejercicios que deberías saber responder y resolver para considerar aprendido el capítulo.

### 5.5.1 Test de autoevaluación

1. *¿Por qué es importante depurar el código y resolver errores en el desarrollo de software?*
2. *¿Cómo se configura la depuración en Visual Studio Code?*

3. *¿Cuál es la función de los puntos de interrupción y cómo se utilizan durante la depuración del código?*

4. *¿Cómo se inspeccionan las variables durante la depuración del código y cómo ayuda esto a detectar errores?*

5. *¿Qué es la consola de depuración y cómo se utiliza para imprimir mensajes y ver resultados de operaciones?*

6. *¿Cuáles son algunas técnicas que se pueden utilizar para resolver errores en el código, además de la comprensión de los mensajes de error y la búsqueda de soluciones en línea?*

### 5.5.2 Ejercicios prácticos

1. *Dado el siguiente código C++:*

```
int main()
{
    int a, b, c;
    a = 1;
    b = 2;
    c = 0;
    for (int i = 0; i < 10; i++)
    {
        a++;
        b *= 2;
        c = a + b;
    }

    return 0;
}
```

*Establece un punto de interrupción en la línea de c = a + b;*

*Observa el resultado.*

2. *Crea un proyecto simple en Visual Studio Code y configura la depuración. Luego, utiliza puntos de interrupción para detener la ejecución del programa en diferentes partes del código y ver el estado de las variables.*

3. *Escribe un código con errores sintácticos y utiliza la consola de depuración para detectar el error y corregirlo.*

4. *Escribe un código con errores lógicos (por ejemplo, un bucle infinito o una condición que nunca se cumple) y utiliza puntos de interrupción para detener la ejecución del programa en diferentes partes del código y encontrar el error. Ejemplo de bloque infinito en JS:*

```
while (true) {
   console.log("Este es un bucle infinito");
}
```

5. *Escribe un código que incluya variables y utiliza la inspección de variables para ver los valores de las variables en tiempo real y corregir errores.*

6. *Escribe un código que incluya funciones y utiliza la consola de depuración para imprimir mensajes y ver los resultados de las operaciones en tiempo real.*

7. *Encuentra un proyecto de código abierto en GitHub que tenga problemas abiertos y utiliza las técnicas de resolución de errores para solucionar uno de los problemas.*

8. *Practica la comprensión de mensajes de error y la búsqueda de soluciones en línea para corregir errores en tu propio código o en proyectos de código abierto.*

# 6

# COMPILACIÓN Y EJECUCIÓN DE PROYECTOS

En este capítulo veremos cómo configurar y utilizar las herramientas de compilación y ejecución integradas en Visual Studio Code para aumentar la eficiencia del flujo de trabajo de desarrollo. En particular, explicaremos la manera de configurar la compilación de un proyecto, compilar el código directamente desde el editor e integrar Visual Studio Code con la línea de comandos. También cubriremos el uso de tareas predefinidas y la creación de tareas personalizadas para automatizar los procesos de compilación y ejecución. Si estás buscando optimizar el flujo de trabajo de desarrollo, este capítulo es para ti.

## 6.1 CONFIGURACIÓN DE LA COMPILACIÓN

La configuración de la compilación en Visual Studio Code es un proceso importante para asegurar que un proyecto pueda compilar correctamente. La configuración adecuada de la compilación también puede ayudar a mejorar la eficiencia del flujo de trabajo de desarrollo. Este es un proceso sencillo que requiere seleccionar la plataforma de destino, instalar los requisitos previos, elegir el tipo de compilador y configurar los argumentos de la línea de comandos. Al hacerlo, puedes compilar tu proyecto de manera eficiente directamente desde el editor. Las configuraciones de compilación proporcionan un control preciso sobre una compilación, lo que permite crear configuraciones adecuadas para diferentes situaciones de prueba y distribución. Puedes crear configuraciones de compilación para proyectos individuales o para toda una solución. Además, es posible crear configuraciones nuevas y editar las existentes para proyectos y soluciones mediante el cuadro de diálogo **Opciones del proyecto**.

Los pasos para configurar la compilación en Visual Studio Code son los siguientes:

**PASO 1**

Lo primero que debes hacer es seleccionar la plataforma de destino en la que vas a compilar el proyecto. Puedes elegir entre varias plataformas, como Windows, Mac o Linux.

**PASO 2**

Asegúrate de tener instalado el compilador y todas las dependencias necesarias para compilar el proyecto en la plataforma de destino seleccionada.

**PASO 3**

Abre la configuración de compilación; para hacerlo, presiona **CTRL+SHIFT+P** o **CMD+SHIFT+P** (en Mac) para abrir el panel de comandos. Luego, escribe **Configure Task** y selecciona **Configure Default Build Task**.

**PASO 4**

Selecciona el tipo de compilador. En el archivo **tasks.json**, encontrarás una lista de diferentes tipos de compiladores, incluidos **C++**, **C#** y **Java**, entre otros. Elige el que coincida con el lenguaje de programación que estés utilizando.

**PASO 5**

En la sección de argumentos de la línea de comandos, debes proporcionar los argumentos necesarios para compilar tu proyecto. Estos argumentos pueden incluir opciones de compilación, archivos de origen, directorios de bibliotecas y otros parámetros específicos del compilador.

**PASO 6**

Una vez que hayas configurado la compilación, asegúrate de guardar los cambios en el archivo **tasks.json**. Puedes hacerlo presionando **CTRL+S** o **CMD+S** (en Mac).

**PASO 7**

Después de seguir estos pasos, podrás compilar tu proyecto directamente desde Visual Studio Code. Para hacerlo, pulsa **CTRL+SHIFT+B** o **CMD+SHIFT+B** (en Mac) y se iniciará la compilación. Esto ejecutará la tarea configurada previamente.

Configurar la compilación en Visual Studio Code es un proceso sencillo que requiere seleccionar la plataforma de destino, instalar los requisitos previos, elegir el tipo de compilador y configurar los argumentos de la línea de comandos. Al hacerlo, puedes compilar tu proyecto de manera eficiente directamente desde el editor.

El siguiente es un ejemplo de cómo se haría todo este procedimiento para C++:

Requisitos:

- Editor de código Visual Studio Code: *Enlace*
- Compilador C/C++ (en este caso, MinGW): *Enlace*
- Instalar extensión para Visual Studio Code: C/C++
- Instalar extensión para Visual Studio Code: Code Runner

### 6.1.1 Instalación del compilador

**PASO 1**

Instala **MinGW**; el proceso de instalación es sencillo, al estilo "**next**, **next**, **next**".

Una vez que esté instalado **MinGW**, automáticamente se abrirá su **Installer Manager**, donde deberás instalar los paquetes básicos para el correcto funcionamiento del compilador.

**PASO 2**

Selecciona la pestaña **Basic Setup** y marca todas las opciones.

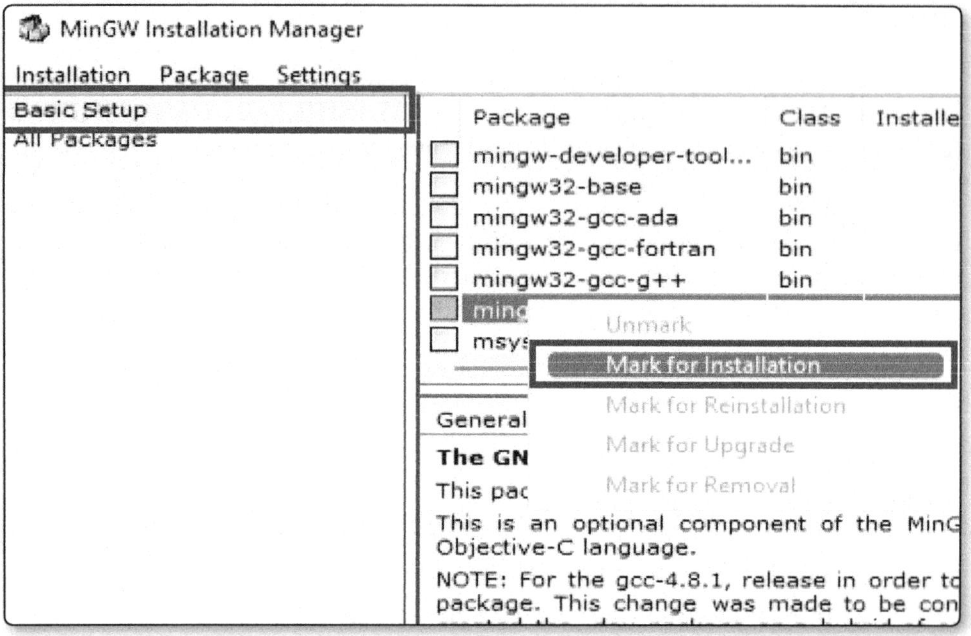


**PASO 3**

Aplica los cambios.

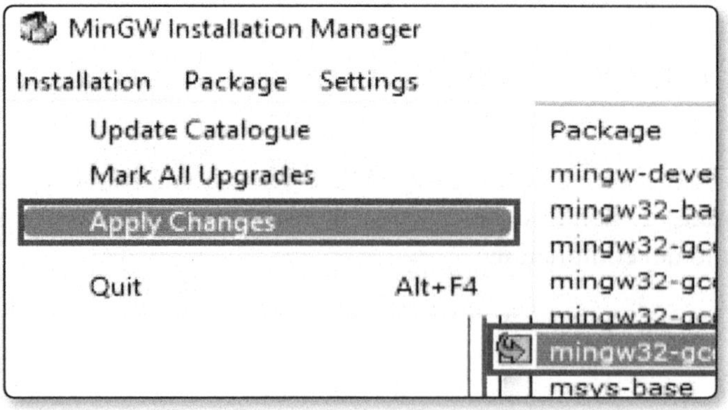

PASO 4

En el buscador de Windows, escribe **variables** y entra a la opción **Editar las variables del entorno del sistema**.

Agrega MinGW a las variables del entorno del sistema; esto permitirá compilar desde el **command promt** o **CMD** de Windows. Este paso es importante debido a que la extensión **Run Code** del editor utiliza el **command promt** de Windows para ejecutar el compilador.

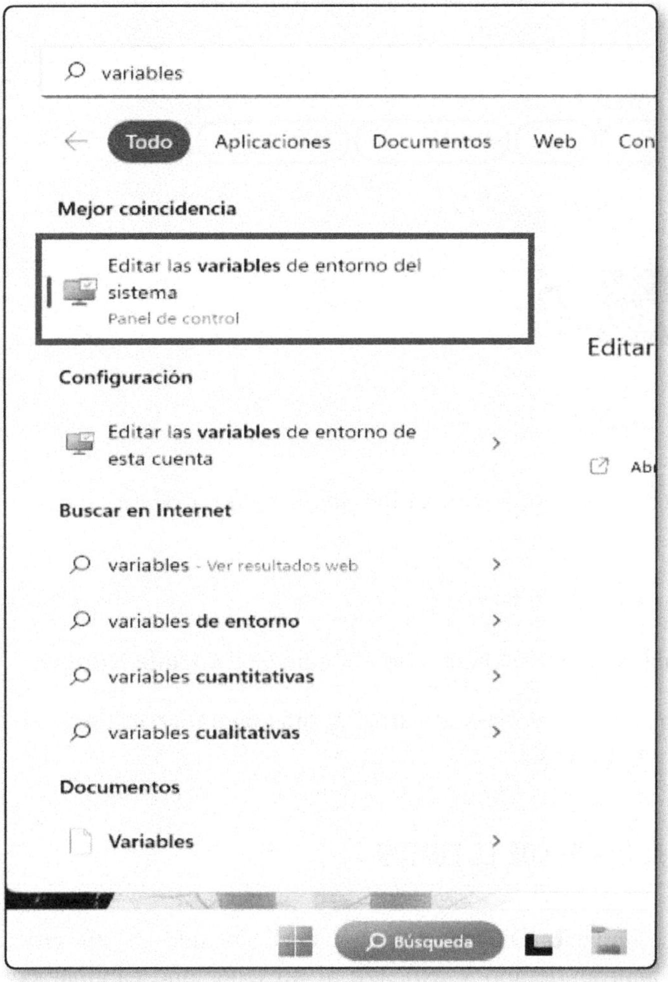

**PASO 5**

Sigue el esquema de la siguiente imagen.

Debes colocar la ruta **C:\MinGW\bin**, siempre y cuando hayas hecho la instalación por defecto; de otro modo, sería **<su ruta>/bin**.

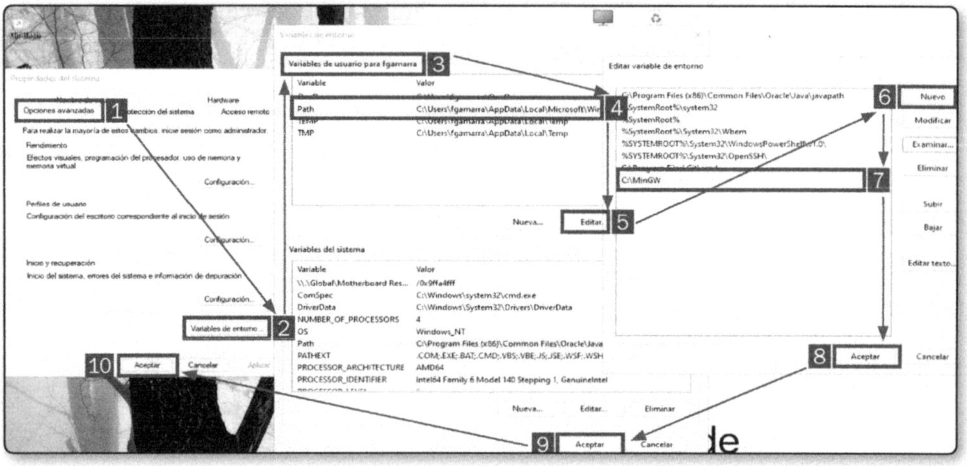


**PASO 6**

Instala la extensión para Visual Studio Code: **C/C++**.

**PASO 7**

Instala la extensión para Visual Studio Code: **Code Runner**.

Después de seguir estos pasos, podrás compilar tu proyecto directamente desde Visual Studio Code.

## 6.2 COMPILACIÓN DESDE EL EDITOR

La compilación desde el editor con VSCode es un proceso muy útil que permite ahorrar tiempo y esfuerzo al no tener que cambiar entre diferentes aplicaciones y ventanas para compilar y ejecutar los programas, sino que puede hacerse directamente desde el editor de código, sin tener que salir de él y utilizar una terminal externa. Este proceso puede variar dependiendo del lenguaje de programación que estés utilizando y del sistema operativo en el que estés trabajando.

Pasos generales para compilar un programa en VSCode:

**PASO 1**

Abre el archivo que contiene el código fuente del programa en VSCode.

**PASO 2**

Asegúrate de que esté instalado el compilador correspondiente al lenguaje de programación que estés utilizando.

**PASO 3**

Configura el archivo **tasks.json** en VSCode para indicar el comando de compilación que vas a utilizar. Este archivo se encuentra en la carpeta **.vscode** en la raíz del proyecto.

**PASO 4**

Presiona la combinación de teclas **CTRL+SHIFT+B** en Windows o **CMD+SHIFT+B** en MacOS para ejecutar el comando de compilación.

**PASO 5**

Observa la salida en la terminal de VSCode para verificar si la compilación fue exitosa o si hubo algún error.

**PASO 6**

Si la compilación fue exitosa, puedes ejecutar el programa desde VSCode presionando la tecla **F5** o seleccionando la opción **Run** del menú del programa.

Si hubo algún error en la compilación, revisa el código fuente y la salida de la terminal para corregirlo y volver a compilar el programa.

Ejemplo de compilación y ejecución de un proyecto de aplicación de consola de C++.

Requisitos previos:

- Instala y ejecuta Visual Studio con la carga de trabajo Desarrollo para el escritorio con C++ en el equipo. Si todavía no está instalada, sigue los pasos de instalación de la sección anterior.
- Crea un proyecto **¡Hola Mundo!** e introduce el siguiente código fuente:

```
#include <iostream>

int main() {
   std::cout <<Hola mundo << std::endl;
   return 0;
}
```

Este código utiliza la librería **iostream** para imprimir el mensaje en la consola. La función **main()** es la función principal del programa, y en este caso se encarga de imprimir el mensaje y retornar el valor **0** para indicar que el programa finalizó sin errores.

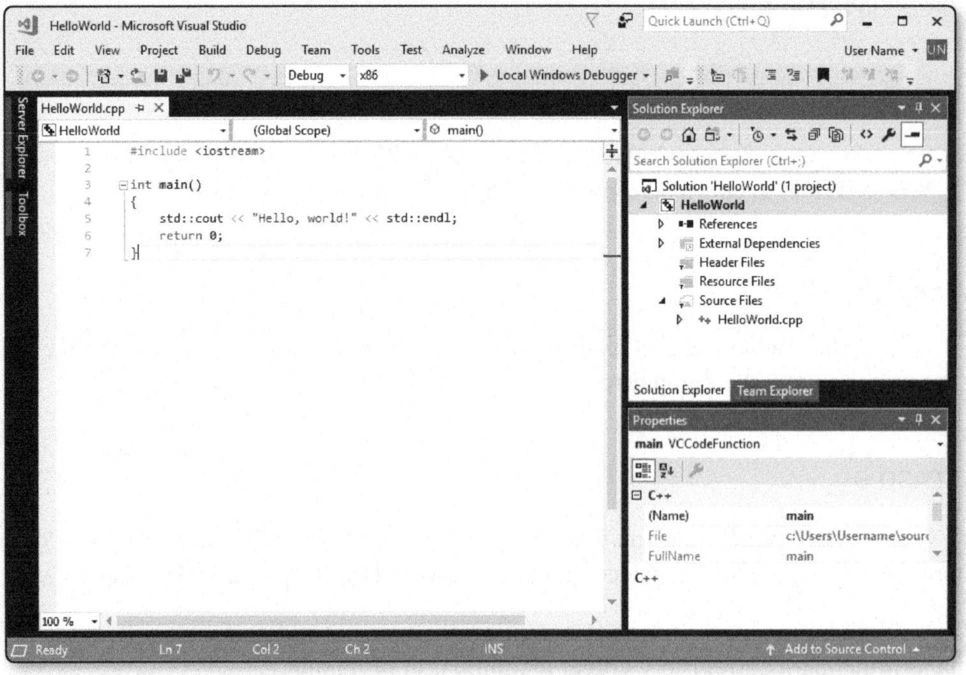


**Figura 6.1.** Si Visual Studio tiene este aspecto, está listo para compilar y ejecutar la aplicación.

Compilación:

Selecciona **Compilar solución** en el menú **Compilar**. En la ventana **Salida** se muestran los resultados del proceso.

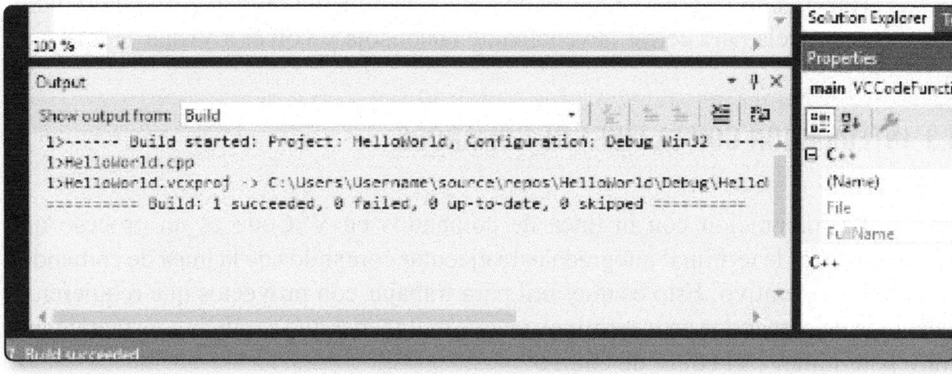


**Figura 6.2**. Salida de la compilación.

Ejecución:

Ve a la barra de menús, selecciona **Depurar** y elige **Iniciar sin depurar**.

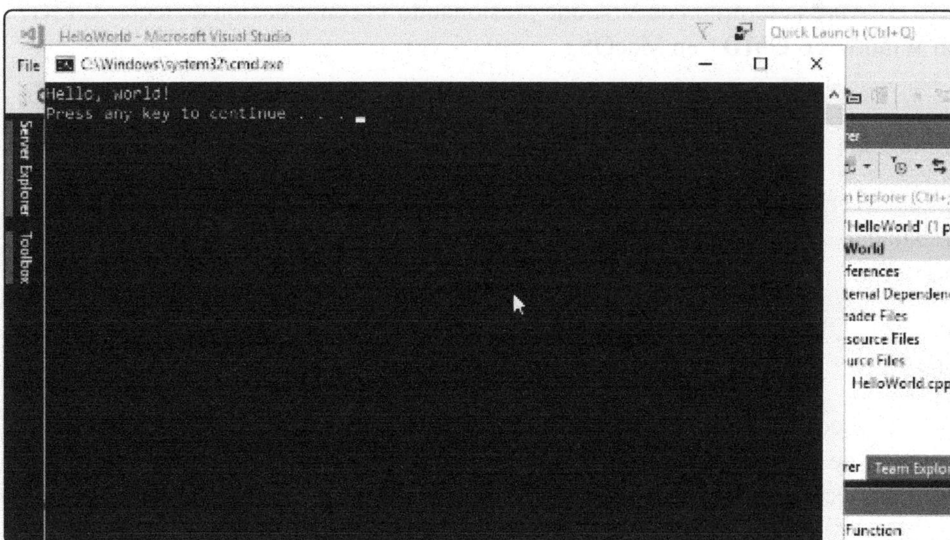


**Figura 6.3.** Ejecución de la aplicación.

Se abre una ventana de consola y después se ejecuta la aplicación. Al iniciar una aplicación de consola en Visual Studio, ejecuta el código y después imprime **Presione cualquier tecla para continuar...** para ofrecer la oportunidad de ver la salida.

Haz creado tu primera aplicación de consola Hola mundo en Visual Studio. Presiona una tecla para cerrar la ventana de la consola y volver a Visual Studio.

## 6.3 INTEGRACIÓN CON LA LÍNEA DE COMANDOS

La integración con la línea de comandos en VSCode es un proceso que permite utilizar la terminal integrada para ejecutar comandos de la línea de comandos del sistema operativo. Esto es muy útil para trabajar con proyectos que requieren la ejecución de comandos en la terminal, ya que evita tener que cambiar constantemente entre la terminal y el editor de código.

### 6.3.1 Pasos generales para integrar la línea de comandos

PASO 1

Abre la terminal de VSCode presionando la combinación de teclas **CTRL+** en Windows o **CMD+** en MacOS.

PASO 2

Verifica que la terminal se encuentra en la ruta del proyecto en el que estás trabajando. Para hacerlo, puedes utilizar el comando **cd** seguido de la ruta del proyecto.

PASO 3

Ejecuta los comandos de la línea de comandos del sistema operativo en la terminal de VSCode. Por ejemplo, si estás trabajando con un proyecto en **Node.js**, podrías ejecutar el comando **npm install** para instalar las dependencias del proyecto.

**PASO 4**

Observa la salida en la terminal para verificar si la ejecución del comando fue exitosa o si hubo algún error.

Si es necesario ejecutar varios comandos de forma simultánea, puedes utilizar la herramienta de tareas de VSCode. Esta permite crear tareas personalizadas que se pueden ejecutar desde la terminal de VSCode utilizando la combinación de teclas **CTRL+SHIFT+B** en Windows o **CMD+SHIFT+B** en MacOS.

## 6.4 USO DE TAREAS PERSONALIZADAS

Las tareas predefinidas en VSCode son una serie de comandos y configuraciones predeterminados que pueden ejecutarse utilizando la herramienta de tareas de VSCode. Estas tareas predefinidas están disponibles para varios lenguajes de programación y tecnologías, como **Node.js**, **TypeScript** y **Python**, entre otros.

Algunas de las tareas predefinidas disponibles en VSCode son:

- **build**: para compilar el proyecto.
- **test**: para ejecutar pruebas unitarias del proyecto.
- **run**: para ejecutar el proyecto.
- **clean**: para limpiar los archivos generados por la compilación del proyecto.
- **lint**: para verificar la calidad del código.

Para utilizar una tarea predefinida en VSCode, puedes realizar los siguientes pasos:

**PASO 1**

Abre la paleta de comandos de VSCode utilizando la combinación de teclas **CTRL+SHIFT+P** en Windows o **CMD+SHIFT+P** en MacOS.

PASO 2

Busca el comando **Tasks: Configure Task** y selecciónalo para abrir el archivo **tasks.json** en la carpeta **.vscode** del proyecto.

PASO 3

Dentro del archivo **tasks.json**, busca las tareas predefinidas para el lenguaje o tecnología que estás utilizando. Por ejemplo, si estás trabajando con un proyecto en **Node.js**, puedes buscar las tareas predefinidas para este lenguaje.

PASO 4

Copia la tarea predefinida deseada y pégala dentro del archivo **tasks.json**. Es posible modificar los argumentos de la tarea predefinida según las necesidades del proyecto.

PASO 5

Guarda el archivo **tasks.json**.

PASO 6

Abre la paleta de comandos de VSCode nuevamente y selecciona el comando **Tasks: Run Task** para ejecutar la tarea predefinida agregada.

### 6.4.1 Creación de tareas personalizadas

Las tareas personalizadas en VSCode permiten crear comandos personalizados que pueden ejecutares desde la herramienta de tareas. Estas tareas personalizadas pueden ser muy útiles para automatizar procesos repetitivos o para ejecutar comandos específicos del proyecto.

Veamos un ejemplo de cómo crear una tarea personalizada en VSCode:

Abre la paleta de comandos de VSCode utilizando la combinación de teclas **CTRL+SHIFT+P** en Windows o **CMD+SHIFT+P** en MacOS.

Busca el comando **Tasks: Configure Task** y selecciónalo para abrir el archivo **tasks.json** en la carpeta **.vscode** del proyecto.

Dentro del archivo **tasks.json**, agrega una nueva tarea personalizada con el siguiente contenido:

```
{
    version: 2.0.0,
    tasks: [
        {
            label: mi-tarea-personalizada,
            type: shell,
            command: echo Hola mundo
        }
    ]
}
```

En este ejemplo, la tarea personalizada se llama **mi-tarea-personalizada** y su comando es simplemente imprimir **Hola mundo** en la terminal. Es importante destacar que el tipo de tarea es **shell**, lo que indica que el comando a ejecutar es una línea de comandos del sistema operativo.

Guarda el archivo **tasks.json**.

Abre la paleta de comandos de VSCode nuevamente y selecciona el comando **Tasks: Run Task**.

Busca la tarea personalizada **mi-tarea-personalizada** y selecciónala para ejecutarla.

En conclusión, la compilación y la configuración de proyectos en Visual Studio Code son procesos esenciales para el desarrollo de software. VSCode ofrece diferentes opciones para la compilación y ejecución de proyectos, desde la integración con la línea de comandos hasta la creación de tareas personalizadas que automatizan procesos específicos. Además, las tareas predefinidas ofrecen una manera rápida y fácil de ejecutar comandos comunes de compilación y prueba. En definitiva, la compilación y la configuración de proyectos con VSCode permiten a los desarrolladores trabajar de manera más eficiente y productiva, lo que puede llevar a un desarrollo de software más rápido y de mayor calidad.

## 6.5 ACTIVIDADES

A continuación se presentan las preguntas y los ejercicios que deberías saber responder y resolver para considerar aprendido el capítulo.

### 6.5.1 Test de autoevaluación

1. *¿Qué opciones ofrece VSCode para la compilación y ejecución de proyectos?*
2. *¿Cuál es la ventaja de las tareas predefinidas en VSCode?*
3. *¿Cómo se puede personalizar la configuración de un proyecto en VSCode?*
4. *¿Cómo se ejecutan tareas personalizadas en VSCode?*
5. *¿Qué beneficios tiene el uso de VSCode para la compilación y configuración de proyectos en términos de eficiencia y productividad?*

### 6.5.2 Ejercicios prácticos

1. *Crea una tarea personalizada en VSCode que ejecute una secuencia de comandos de compilación y pruebas automatizadas para un proyecto en C++.*
2. *Configura la integración con la línea de comandos en VSCode para compilar y ejecutar un proyecto en Python desde la terminal.*
3. *Utiliza las tareas predefinidas en VSCode para compilar y ejecutar un proyecto en Java con un solo comando en la terminal.*

# 7

# USO DE TAREAS Y SCRIPTS

La automatización de tareas es una de las principales herramientas que los desarrolladores tienen a su disposición para mejorar su productividad y reducir los errores causados por tareas repetitivas. En este capítulo, exploraremos cómo se pueden utilizar tareas y scripts en VSCode para automatizar acciones repetitivas y mejorar la eficiencia del flujo de trabajo.

## 7.1 INTRODUCCIÓN A LAS TAREAS DE VSCODE

Visual Studio Code es un editor de código fuente gratuito y de código abierto desarrollado por Microsoft. Es compatible con una amplia gama de lenguajes de programación y cuenta con numerosas características útiles que ayudan a los programadores a trabajar de manera más eficiente. Las tareas de VSCode son una de estas características que permiten automatizar procesos repetitivos o complejos, como la **compilación** de código, la ejecución de pruebas o la implementación de un proyecto.

La introducción a las tareas de VSCode comienza con la apertura del panel de tareas. Para abrir este panel, selecciona **Tareas** en la barra de menú superior y luego elige **Configurar tareas**. Desde aquí, puedes crear, editar y ejecutar tareas.

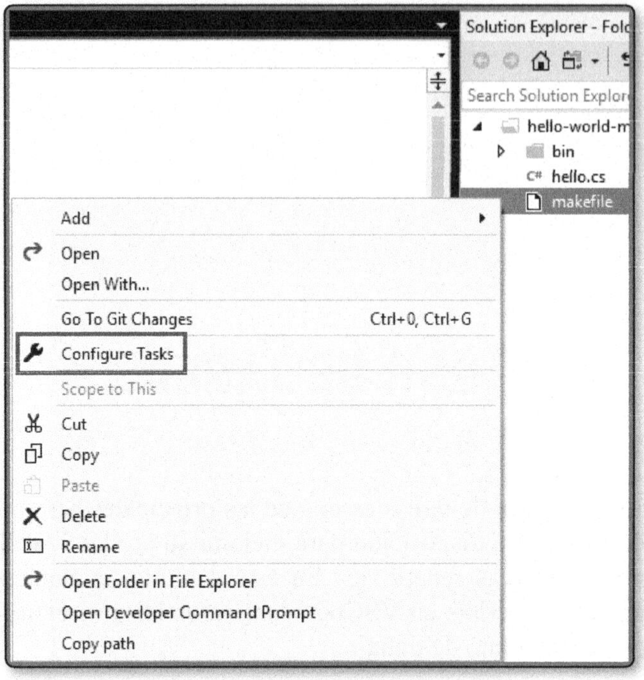


**Figura 7.1.** Pantalla para lanzar la task.

Hay tres tipos de tareas en VSCode: tareas personalizadas, tareas integradas y tareas de terminal. Las personalizadas son aquellas que se crean para un proyecto específico y se pueden personalizar según las necesidades del usuario. Las integradas son tareas predefinidas que se incluyen en VSCode y que se pueden usar para realizar acciones comunes, como la compilación de código. Las de terminal son aquellas que ejecutan comandos en la terminal integrada de VSCode.

Para crear una tarea personalizada, selecciona **Crear tarea** en el **panel de tareas** y elige el tipo de tarea que deseas. Puedes proporcionar un nombre y una descripción para la tarea, y configurar opciones adicionales, como argumentos de línea de comando. Una vez creada la tarea, es posible ejecutarla desde el panel de tareas.

Para utilizar una tarea integrada, selecciona **Ejecutar tarea** en el **panel de tareas** y elige la **tarea deseada**. Algunas tareas integradas, como la compilación de código, pueden requerir configuración adicional para que funcionen correctamente.

Las tareas de terminal son útiles cuando necesitas ejecutar comandos en la terminal integrada de VSCode. Para crear una tarea de este tipo, selecciona **Crear tarea de terminal** en el panel de tareas y proporciona el comando que quieras ejecutar. La tarea se puede ejecutar desde el panel de tareas.

## 7.2 CONFIGURACIÓN DE TAREAS

La configuración de tareas en Visual Studio Code es una característica que permite automatizar procedimientos comunes en el flujo de trabajo de desarrollo, como la compilación, la ejecución de pruebas y la creación de archivos de distribución, entre otros.

Para configurar una tarea en VSCode, realiza el siguiente procedimiento:

**PASO 1**

Abre la **paleta de comandos** de VSCode presionando la combinación de teclas **CTRL+SHIFT+P** en Windows/Linux o **CMD+SHIFT+P** en MacOS.

**PASO 2**

Escribe **Configurar tareas** en la **paleta de comandos** y selecciona **Configurar Tareas** en la lista desplegable que aparece.

**PASO 3**

Selecciona el tipo de tarea que deseas configurar. Por ejemplo, si quieres configurar una tarea de compilación, elige **Compilar** en la lista desplegable.

Si es la primera vez que configuras una tarea, se creará un archivo de configuración de tareas en la carpeta **.vscode**, en el directorio raíz de tu proyecto. Si ya tienes un archivo de configuración de tareas, este se abrirá automáticamente.

En el archivo de configuración de tareas, se definen las propiedades de la tarea, como su nombre, el comando que se ejecutará y los argumentos que se pasarán al comando.

**PASO 4**

Para agregar una tarea, copia y pega el siguiente código en el archivo de configuración de tareas:

```
{
   type: tipo-de-tarea,
   label: nombre-de-la-tarea,
   command: comando-a-ejecutar,
```

```
    args: [argumento-1, argumento-2, ...],
    problemMatcher: {
      owner: nombre-del-problema,
      fileLocation: [relativa, absoluta]
    }
  }
```

Reemplaza los valores de **tipo-de-tarea**, **nombre-de-la-tarea**, **comando-a-ejecutar**, **argumento-1**, **argumento-2**, etcétera, con los valores que correspondan a la tarea que deseas configurar.

**PASO 5**

Guarda el archivo de **configuración de tareas**.

**PASO 6**

Abre la **paleta de comandos** nuevamente, escribe **Tareas: Ejecutar tarea** y selecciona la que acabas de configurar.

La tarea se ejecutará y el resultado se mostrará en la terminal integrada de VSCode. Con la configuración de tareas en VSCode, puedes automatizar acciones repetitivas y mejorar el flujo de trabajo de desarrollo.

## 7.3 EJECUCIÓN DE TAREAS

La ejecución de tareas en Visual Studio Code (VSCode) es un proceso sencillo que permite automatizar tareas comunes en flujo de trabajo de desarrollo.

Para ejecutar una tarea en VSCode, sigue estos pasos:

**PASO 1**

Abre la **paleta de comandos** de VSCode presionando la combinación de teclas **CTRL+SHIFT+P** en Windows/Linux o **CMD+SHIFT+P** en MacOS.

**PASO 2**

Escribe **Tareas: Ejecutar tarea** en la paleta de comandos y selecciona **Tareas: Ejecutar tarea** en la lista desplegable que aparece.

**PASO 3**

Selecciona la tarea que deseas ejecutar en la lista de tareas disponibles. Si has configurado una tarea de compilación, por ejemplo, debería aparecer en la lista. Si la tarea que seleccionaste requiere argumentos, se te solicitará que los ingreses en la parte inferior de la ventana. Ingresa los argumentos necesarios y presiona **ENTER**. La tarea se ejecutará y el resultado se mostrará en la terminal integrada de VSCode.

### 7.3.1 Ejemplo 1: Compilar un programa en C++

Supongamos que tienes un programa en **C++** llamado **hello.cpp** y deseas compilarlo usando la tarea que configuraste en VSCode. La tarea se llama **Compilar C++** y su comando es **g++**.

**PASO 1**

Abre la **paleta de comandos** de VSCode presionando **CTRL+SHIFT+P** en Windows/Linux o **CMD+SHIFT+P** en MacOS.

**PASO 2**

Escribe **Tareas: Ejecutar tarea** en la **paleta de comandos** y selecciona **Tareas: Ejecutar tarea** en la lista desplegable que aparece.

**PASO 3**

Selecciona **Compilar C++** en la lista de tareas disponibles. Si la tarea requiere argumentos, se te solicitará que los ingreses. En este caso, no se necesitan argumentos adicionales.

La tarea se ejecutará y el resultado se mostrará en la terminal integrada de VSCode.

### 7.3.2 Ejemplo 2: Ejecutar una prueba en Python

Supongamos que estás escribiendo una prueba unitaria en Python para una función llamada **suma** y deseas ejecutar la prueba usando la tarea que configuraste en **VSCode**. La tarea se llama **Ejecutar prueba unitaria** y su comando es **python**.

PASO 1

Abre la **paleta de comandos** de VSCode presionando **CTRL+SHIFT+P** en Windows/Linux o **CMD+SHIFT+P** en MacOS.

PASO 2

Escribe **Tareas: Ejecutar tarea** en la **paleta de comandos** y selecciona **Tareas: Ejecutar tarea** en la lista desplegable que aparece.

PASO 3

Selecciona **Ejecutar prueba unitaria** en la lista de tareas disponibles.

Si la tarea requiere argumentos, se te solicitará que los ingreses. En este caso, debes especificar el nombre de la prueba que quieras ejecutar. Por ejemplo, si la prueba se llama **test_suma**, ingresa **test_suma.py.**

La tarea se ejecutará y el resultado se mostrará en la terminal integrada de VSCode.

## 7.4 SCRIPTS EN VSCODE

En VSCode, un script es un archivo que contiene una serie de comandos que se ejecutan en secuencia. Los scripts pueden utilizarse para automatizar tareas repetitivas o para realizar una serie de operaciones complejas en un solo paso. En VSCode, se pueden ejecutar utilizando la extensión Script Runner o mediante el uso de tareas personalizadas.

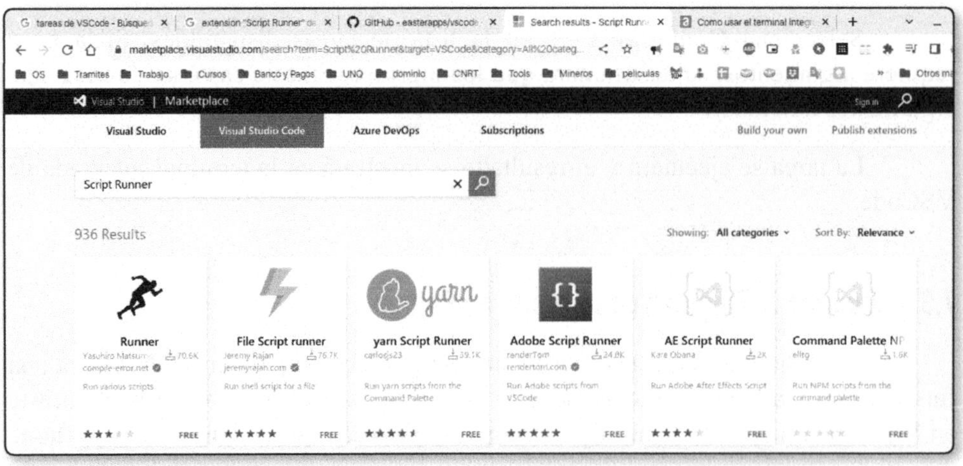


**Figura 7.2.** Market con distintos script runner según el uso que se les dará.

En VSCode, los scripts pueden escribirse en diferentes lenguajes de programación, como Bash, PowerShell, Python o JavaScript. Los scripts se pueden utilizar para realizar una variedad de tareas, como:

**Automatización de tareas de desarrollo**: puedes utilizar scripts para compilar, probar y empaquetar el código en un solo paso. Por ejemplo, puedes crear un script que compile el código, ejecute pruebas y cree un archivo ZIP que contenga tu aplicación.

**Gestión de dependencias**: puedes utilizar scripts para instalar, actualizar o desinstalar dependencias de un proyecto. Por ejemplo, puedes crear un script que instale automáticamente todas las dependencias necesarias para ejecutar una aplicación.

**Limpieza de proyectos**: puedes utilizar scripts para eliminar archivos innecesarios o limpiar el proyecto antes de compilar o ejecutar pruebas.

**Automatización de tareas de infraestructura**: puedes utilizar scripts para configurar y mantener servidores, redes y otros componentes de infraestructura. Por ejemplo, puedes crear un script que configure un servidor web, instale un certificado SSL y habilite la compresión de archivos.

Para ejecutar un script en VSCode, necesitas una extensión que te permita hacerlo. Script Runner es una de las más populares y te permitirá ejecutar scripts escritos en diferentes lenguajes de programación. Para utilizar esta extensión, debes instalarla desde la tienda de extensiones de VSCode.

Una vez instalada, puedes ejecutar un script haciendo clic derecho en el archivo y seleccionando la opción **Run Script**. También puedes asignar un atajo de teclado a esta opción para ejecutar el script más rápidamente.

El uso de tareas y scripts para automatizar tareas repetitivas es una técnica muy útil para mejorar la productividad y reducir el error humano en cualquier tipo de trabajo. Al automatizar tareas, se puede ahorrar tiempo y esfuerzo, y permitir que los trabajadores se centren en tareas más importantes y de mayor valor. Además, la creación de scripts y tareas automatizadas también puede ser una habilidad valiosa en el mercado laboral actual, ya que cada vez más empresas buscan profesionales capaces de automatizar procesos y mejorar la eficiencia.

## 7.5 ACTIVIDADES

A continuación se presentan las preguntas y los ejercicios que deberías saber responder y resolver para considerar aprendido el capítulo.

### 7.5.1 Test de autoevaluación

1. *Qué es una tarea automatizada y cómo se diferencia de una tarea manual?*
2. *¿Cuáles son algunos ejemplos de tareas que se pueden automatizar mediante el uso de scripts?*
3. *¿Cuáles son las principales ventajas de la automatización de tareas repetitivas?*
4. *¿Cómo se crea un script para automatizar una tarea específica?*
5. *¿Qué herramientas se pueden utilizar para crear scripts y automatizar tareas?*

### 7.5.2 Ejercicios prácticos

1. *Crear un script para renombrar varios archivos: Crea un script que permita renombrar automáticamente varios archivos en una carpeta determinada. El script debe permitir al usuario especificar la carpeta y el patrón de nombres de archivo que se deben cambiar, y también permitir al usuario especificar el nuevo nombre que se debe aplicar a los archivos seleccionados.*
2. *Crear un script para realizar copias de seguridad: Crea un script que permita hacer copias de seguridad automáticas de archivos y carpetas específicas en una computadora. El script debe permitir al usuario especificar la ubicación de los archivos y carpetas que se deben respaldar, así como también la ubicación y el nombre del archivo de respaldo. El script también podría incluir opciones para realizar copias de seguridad programadas en intervalos regulares.*

# GLOSARIO

- **Apariencia:** aspecto visual de Visual Studio Code, que incluye temas, iconos y fuentes.
- **Compilación:** proceso de convertir el código fuente en un archivo ejecutable o en código que se puede ejecutar en un navegador.
- **Configuración:** proceso de ajustar las preferencias y opciones de Visual Studio Code para que se adapte a las necesidades y preferencias del desarrollador.
- **Depuración:** proceso de identificar y corregir errores en el código utilizando herramientas como puntos de interrupción, inspección de variables y la consola de depuración.
- **Emmet:** herramienta de Visual Studio Code que permite la escritura rápida de HTML y CSS utilizando abreviaturas.
- **Extensiones:** programas adicionales que se pueden agregar a Visual Studio Code para mejorar su funcionalidad y productividad.
- **Herramientas:** funciones y características avanzadas de Visual Studio Code que permiten al usuario editar y mejorar el código, como IntelliSense, la refactorización de código, la edición de múltiples archivos y las extensiones.
- **IntelliSense:** función de Visual Studio Code que proporciona sugerencias de código contextuales y autocompletado que facilitan la escritura de código.
- **Interfaz de usuario:** conjunto de elementos visuales y de interacción, como paneles, barras de herramientas, menús y atajos de teclado, que permiten al usuario interactuar con Visual Studio Code.
- **Paneles:** áreas de la interfaz de usuario que contienen información o herramientas útiles, como el explorador de archivos, el depurador o la consola.

- **Preferencias:** opciones de configuración que permiten al usuario configurar el comportamiento de Visual Studio Code en diferentes aspectos, como el comportamiento de la pestaña, la posición del cursor y las sugerencias de código.
- **Refactorización de código**: proceso de reorganizar y mejorar el código sin cambiar su comportamiento, utilizando las herramientas de Visual Studio Code.
- **Script:** código escrito en un lenguaje de scripting que se puede utilizar en Visual Studio Code para automatizar tareas y procesos repetitivos.
- **Snippet:** fragmento de código prefabricado que se puede insertar rápidamente en el código utilizando las herramientas de Visual Studio Code.
- **Tareas:** procesos automatizados que se pueden realizar en Visual Studio Code, como la compilación, la ejecución de pruebas y la generación de documentación.
- **Teclas de acceso rápido**: combinaciones de teclas personalizadas que permiten al usuario acceder rápidamente a las funciones de Visual Studio Code.

Parte 2

# COLABORACIÓN Y TRABAJO EN EQUIPO. CONTROL DE VERSIONES. PROYECTOS PRÁCTICOS

Proyectos prácticos
Integración con Git y control de versiones
Prácticas y consejos
Proyecto práctico 1: Desarrollo web
Aplicaciones móviles con Visual Studio
Inteligencia Artificial y VS Code

# 8

# PROYECTOS PRÁCTICOS

Este Libro es una guía para desarrolladores que desean profundizar en el uso de Visual Studio Code y aplicarlo en proyectos reales. En el libro se aborda desde la gestión de proyectos y archivos hasta la colaboración en equipo, la integración con Git y el control de versiones. Además, se incluyen consejos y mejores prácticas para aprovechar al máximo esta herramienta.

## 8.1 COLABORACIÓN Y TRABAJO EN EQUIPO

**Visual Studio Code** ofrece varias funciones para colaborar y trabajar en equipo en proyectos de software, lo que es útil para equipos de desarrollo remotos y distribuidos.

Estas funciones incluyen la integración con herramientas de **control de versiones**, la capacidad de editar y depurar código en vivo, y la colaboración en tiempo real. La integración con herramientas de control de versiones, como **Git**, es una de las principales funciones de colaboración en equipo de VS Code. Permite a los miembros del equipo trabajar juntos en un proyecto de software de manera eficiente al mismo tiempo que mantiene un registro de los cambios realizados en el código. Además, permite la colaboración en tiempo real y la resolución de conflictos de código. VS Code también ofrece una interfaz gráfica de usuario para Git, lo que facilita la gestión de repositorios y la visualización de cambios en el código.

La edición y depuración de código en vivo es otra característica importante de VS Code. Los desarrolladores pueden compartir una sesión de depuración y trabajar juntos en el código de manera interactiva, lo que permite una resolución rápida de errores y una mayor eficiencia en el desarrollo. Además, pueden compartir su pantalla para mostrar su trabajo a otros miembros del equipo. La colaboración en tiempo real es otra función que VS Code ofrece para trabajar en grupo. Los integrantes pueden colaborar en tiempo real en el mismo archivo y ver los cambios que los demás están haciendo. Esto facilita la comunicación y la resolución de problemas. Además de estas funciones, VS Code también ofrece integración con herramientas de comunicación, como **Microsoft Teams** y **Slack**, lo que posibilita la colaboración y la comunicación entre miembros del equipo.

## 8.2 COMPARTIR PROYECTOS Y ARCHIVOS

En Visual Studio Code, puedes compartir proyectos y archivos con otras personas de varias maneras. Es posible utilizar repositorios en línea, compartir archivos de forma local o colaborar en tiempo real utilizando extensiones. Cada opción tiene sus ventajas y desventajas, así que es importante elegir la más adecuada según tus necesidades.

**Figura 8.1.** Extensión Live Share, una de las opciones para compartir tus proyectos.

**Compartir el código fuente a través de repositorios en línea**: puedes compartir tu código fuente con otros desarrolladores a través de un repositorio en línea como **GitHub**, **GitLab** o **Bitbucket**.

Para hacer esto, crea un repositorio en línea y luego clónalo en tu máquina local.

Una vez que hayas clonado el repositorio, puedes trabajar en tu código localmente y luego hacer **commit** y **push** de tus cambios al repositorio en línea para que otros puedan ver el proyecto y colaborar en él.

## 8.2.1 Ejemplo de cómo compartir

## 8.2.2 un proyecto en GitHub

Aunque se puede crear el **repositorio** con Visual Studio Code en la computadora local y después subirlo a GitHub, a continuación se explica cómo clonar en la PC un repositorio ya existente en GitHub.

### 8.2.2.1 REQUISITOS

- Haber instalado y configurado Visual Studio Code (configuraciones recomendadas para **HTML/CSS**, **Python** o **PHP**).
- Haber instalado Git.
- Disponer de una cuenta en GitHub.
- Disponer de un repositorio en GitHub.

### 8.2.2.2 CLONAR UN REPOSITORIO DE GITHUB LOCALMENTE

PASO 1

Crea un directorio donde se guardarán los repositorios.

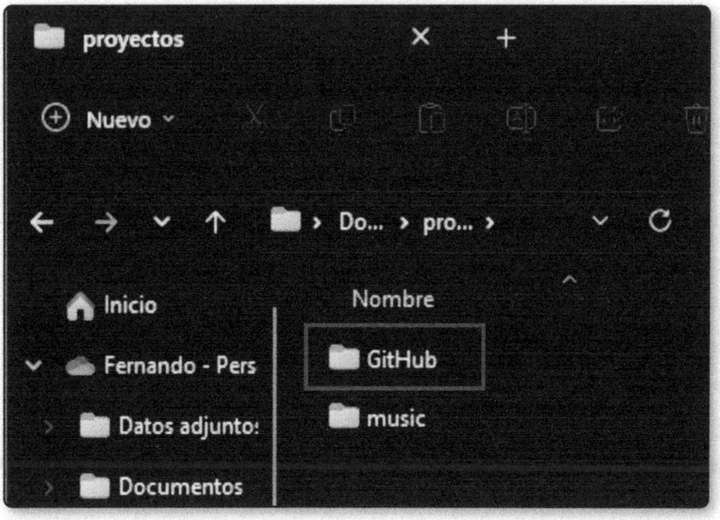

PASO 2

Abre ese directorio en Visual Studio Code, para ello, ve a **Menú** y luego a **Archivo**. Haz clic en **Abrir carpeta**.

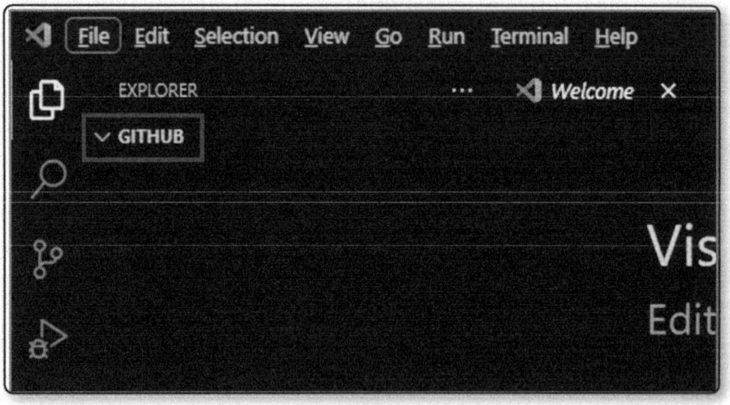


Para clonar el repositorio, necesitará la URL de repositorio, que se puede copiar desde el propio repositorio haciendo clic en el botón **Code** y en el **icono de copia** situado a la derecha de la URL del repositorio.

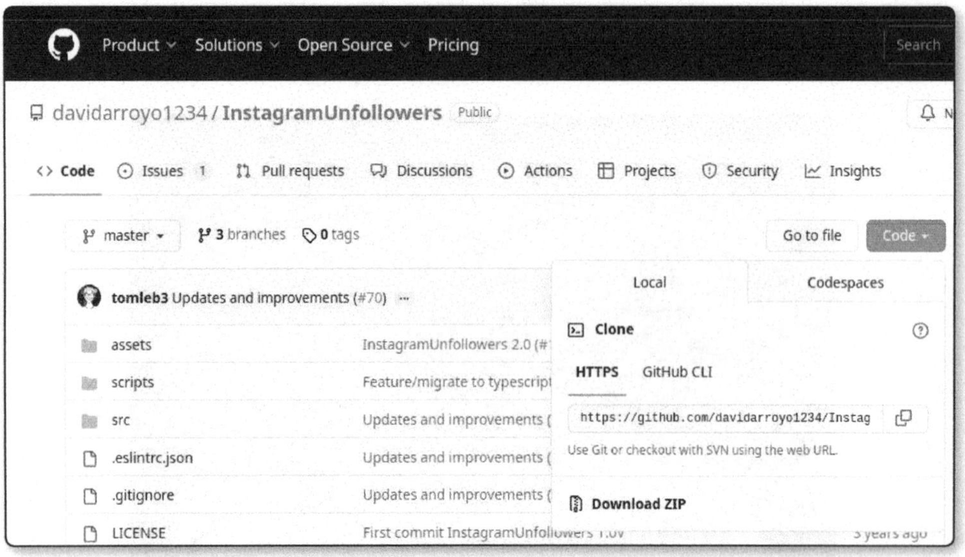

## PASO 3

En Visual Studio, abre la ventana de comandos con **Ctrl + Mayús + p** o con **F1**.

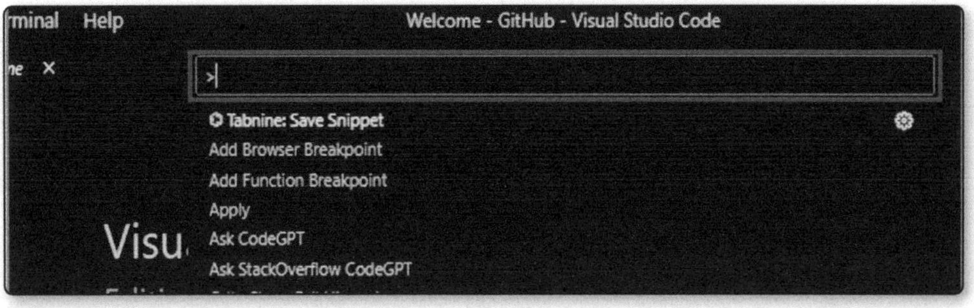


## PASO 4

Escribe el comando **git**, clona y pulsa **Intro**.

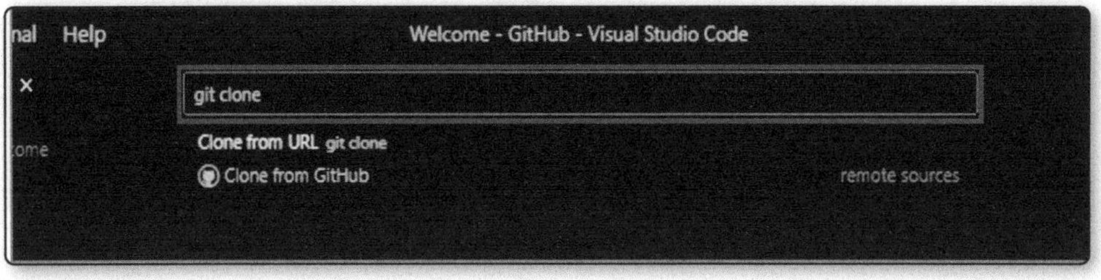


## PASO 5

Pega la URL del repositorio de origen y pulsa **Enter**. Por ejemplo **https://github.com/davidarroyo1234/InstagramUnfollowers**.

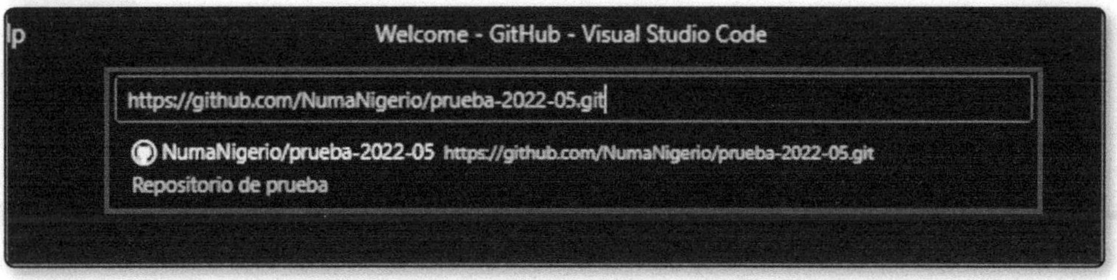

## PASO 6

Selecciona el directorio que contendrá la copia del repositorio y pulsa **Seleccione la ubicación del repositorio**.

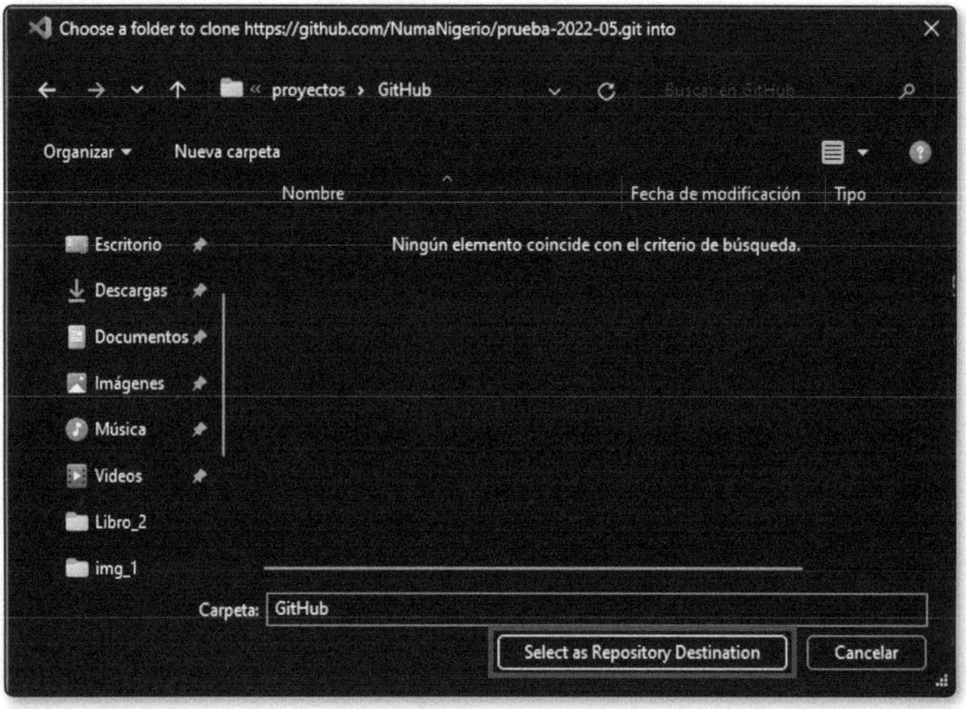


## PASO 7

Haz clic en **Abrir**.

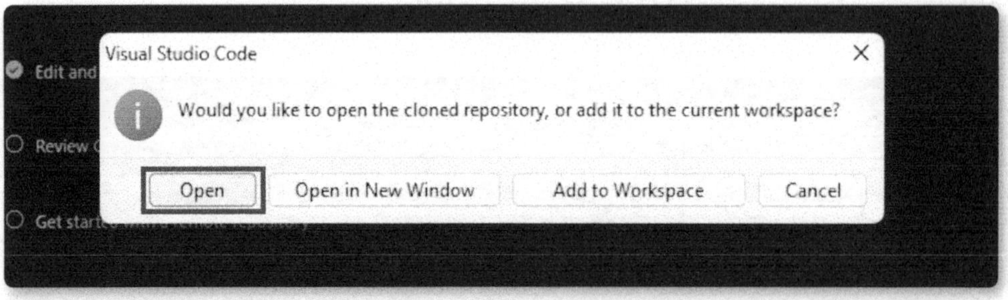

**PASO 8**

Visual Studio Code abrirá la carpeta del repositorio clonado y mostrará su contenido

**Compartir archivos de forma local**: esta función permite a los desarrolladores compartir archivos y carpetas en una red local para que otros usuarios puedan acceder a ellos y colaborar en tiempo real en proyectos de programación. Puedes compartir archivos con otros desarrolladores de forma local a través de una red compartida o mediante la transferencia de archivos. En VS Code, puedes abrir una carpeta local y compartir el acceso a esa carpeta con otros desarrolladores. Esto lo llevas a cabo haciendo clic con el botón derecho en **la carpeta** y seleccionando **Compartir con...**, luego, elige la opción de **red compartida**. También es posible enviar archivos a otros desarrolladores a través de servicios en la nube, como **Dropbox** o **Google Drive**.

Para utilizar esta función, debes abrir la pestaña **Explorer** en VS Code y seleccionar la carpeta que deseas compartir. Luego, haz clic derecho en la carpeta y selecciona **Compartir archivos de forma local**. Esto abrirá una ventana con un enlace que puedes compartir con otros usuarios en la misma red.

Cuando los demás usuarios abran el enlace en su navegador web, se los dirigirá a una página web que les permitirá navegar por la carpeta compartida y acceder a los archivos. También pueden abrir los archivos en VS Code haciendo clic en el botón **Open with VS Code**.

Es importante tener en cuenta que esta función solo permite compartir archivos en una red local y no a través de internet. Además, únicamente los usuarios que tienen acceso a la misma red pueden entrar en los archivos compartidos.

**Compartir código en vivo**: VS Code también tiene una extensión llamada **Live Share** que te permite colaborar en tiempo real con otros desarrolladores. Con Live Share, puedes invitar a otros desarrolladores a tu sesión de VS Code y trabajar en tiempo real en el mismo código.

Pueden ver tus cambios, y viceversa, lo que facilita la colaboración en los proyectos. Para utilizar esta función, se debe instalar la **extensión** Live Share desde el market.

**Figura 8.2.** Extensión Live Share desde el market.

Para compartir, abre el archivo que deseas y haz clic en el icono **Live Share** en la barra lateral de la izquierda. Luego, selecciona **Start collaboration session** para generar un enlace que puedes compartir con otros usuarios (**Figuras 1.3 y 1.4.**).

**Figura 8.3.** Botón Live Share desde VS Code.

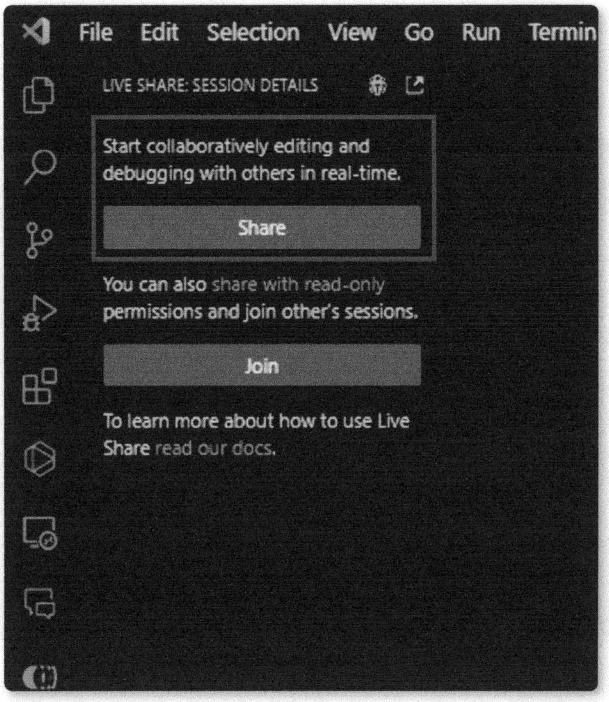


**Figura 8.4.** Generación de link para compartir con Live Share desde VSCode.

Para hacerlo, sigue estos pasos:

**PASO 1**

Abre el archivo que deseas compartir en VS Code.

**PASO 2**

Haz clic en el icono **Live Share** en la barra lateral de la izquierda.

**PASO 3**

Selecciona **Start collaboration session** para generar un enlace.

**PASO 4**

Copia el enlace y compártelo con tu colega.

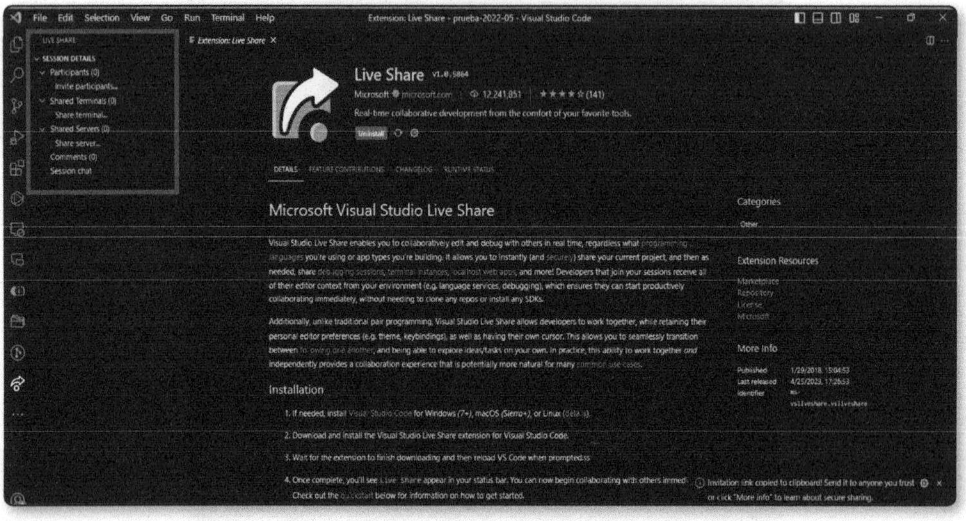


**PASO 5**

Tu colega abre el enlace en su navegador web y hace clic en **Join collaboration session**.

**PASO 6**

Tu colega puede ver y editar el código en tiempo real.

Una vez que se comparte el código, cualquier cambio que realice uno de los colaboradores se reflejará automáticamente en el código compartido en tiempo real. También puedes usar la función de chat integrada en la sesión de colaboración para discutir el código con tu colega.

Es importante tener en cuenta que la función de compartir código en vivo solo permite hacerlo entre usuarios de forma temporal y en tiempo real, es decir, cuando finaliza la sesión de colaboración, el enlace deja de funcionar. Además, debes tener precaución al compartir código, ya que cualquier persona que tenga acceso al enlace puede editar el código compartido.

## 8.3 COMENTARIOS Y ANOTACIONES EN EL CÓDIGO

La función de **comentarios** y **anotaciones** en el código de Visual Studio Code es una herramienta muy útil para agregar notas y aclaraciones al código fuente. Los comentarios se utilizan para agregar texto explicativo dentro del código, mientras que las anotaciones son etiquetas especiales que permiten identificar y categorizar ciertos aspectos del código. A continuación se explicará detalladamente cómo usar estas funciones en VS Code.

### 8.3.1 Comentarios en el código

Los comentarios son bloques de texto que se utilizan para explicar o documentar el código. En VS Code, estos se pueden escribir de dos formas:

**Comentario de una sola línea**: se usa para agregar una explicación breve en una sola línea. Se pueden usar dos diagonales seguidas // para indicar que todo lo que sigue en la línea es un comentario.

Ejemplo para JavaScript:

```
// Este es un comentario de una sola línea
```

En Python, los comentarios se escriben utilizando el carácter #.

```
# Este es un comentario de una sola línea
```

**Comentario de varias líneas**: se utiliza para agregar una explicación más detallada. Se puede usar un bloque de código entre /* y */ para indicar que todo lo que está dentro es un comentario.

Ejemplo para JavaScript:

```
/* Este es un comentario
de varias líneas */
```

Ejemplo para Python:

```
Este es un comentario
de varias líneas
```

### 8.3.2 Anotaciones en el código

Las anotaciones son etiquetas especiales que se utilizan para identificar y categorizar ciertos aspectos del código. En VS Code, las anotaciones se pueden escribir de varias formas:

- **TODO**: se utiliza para señalar que se debe agregar o corregir algo en el código en una fecha futura. La anotación se escribe en mayúsculas y seguida por dos puntos **TODO:**

  Ejemplo para JavaScript:

  ```
  // TODO: Agregar validación de entrada de datos
  ```

- **FIXME**: se utiliza para señalar que, en el código, hay un problema o bug que se debe solucionar. La anotación se escribe en mayúsculas y seguida por dos puntos **FIXME:**

  Ejemplo para JavaScript:

  ```
  // FIXME: Resolver problema de desbordamiento de memoria
  ```

- **HACK**: se utiliza para señalar que se ha realizado una solución temporal o poco elegante en el código. La anotación se escribe en mayúsculas y seguida por dos puntos **HACK:**

  Ejemplo para JavaScript:

  ```
  // HACK: Revisar lógica de ordenamiento
  ```

- **BUG**: se utiliza para señalar que se ha encontrado un bug en el código. La anotación se escribe en mayúsculas y seguida por dos puntos **BUG:**

  Ejemplo para JavaScript:

  ```
  // BUG: Corregir error de cálculo en función de promedio
  ```

En cuanto a las anotaciones, Python tiene una sintaxis especial llamada **Type Hints** que permite añadir información sobre el tipo de los parámetros y el valor de retorno de las funciones. Por ejemplo:

```
def suma(a: int, b: int) -> int:
    # La función suma dos números enteros y devuelve otro número entero
    return a + b
```

En este ejemplo, la anotación indica que la función **suma** toma dos parámetros enteros (**a** y **b**) y devuelve otro número entero.

Los comentarios y anotaciones son herramientas muy útiles para agregar explicaciones y notas dentro del código fuente. VS Code proporciona una forma sencilla de agregar comentarios y anotaciones mediante el uso de sintaxis especiales.

## 8.4 LA INTEGRACIÓN DE MICROSOFT TEAMS Y SLACK EN VISUAL STUDIO CODE

La integración de Microsoft Teams y Slack en Visual Studio Code puede mejorar la colaboración entre equipos de desarrollo y aumentar la productividad. A continuación se verá cómo integrar estas herramientas de comunicación en VS Code.

### 8.4.1 Integración de Microsoft Teams y VS Code

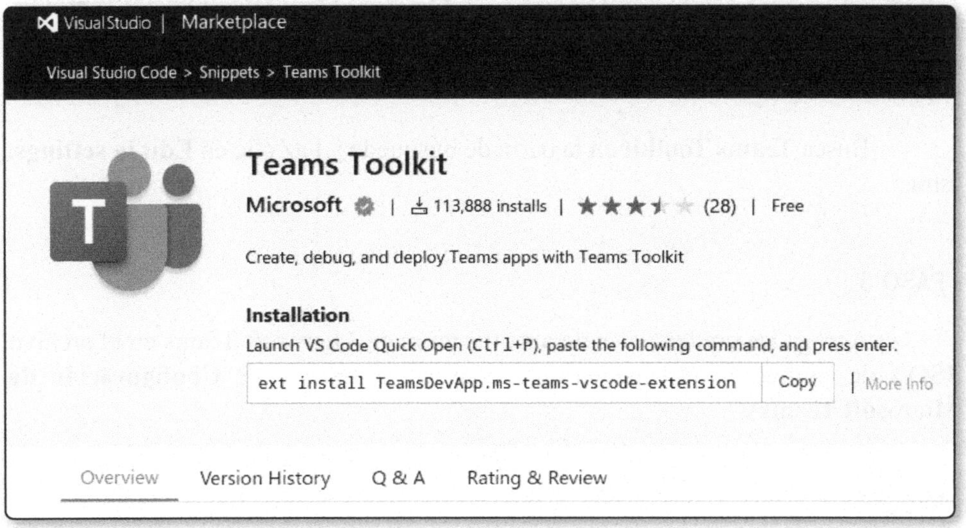


**Figura 8.5.** Link de la extensión Teams Toolkit.

Para integrar Microsoft Teams en VS Code, necesitarás instalar una extensión llamada **Teams Toolkit**. Puedes hacerlo siguiendo estos pasos.

**PASO 1**

Abre VS Code y haz clic en el botón de extensiones en la barra lateral izquierda o presiona **Ctrl + Shift + X**.

**PASO 2**

Busca **Teams Toolkit** en la barra de búsqueda y haz clic en **Install** para instalar la extensión.

**PASO 3**

Una vez que la extensión se haya instalado, haz clic en el botón de configuración en la esquina inferior derecha de VS Code y selecciona **Settings**.

**PASO 4**

Busca **Teams Toolkit** en la barra de búsqueda y haz clic en **Edit in settings.json**.

**PASO 5**

Agrega las credenciales de autenticación de Microsoft Teams en el archivo **JSON** de configuración (puedes obtenerlas en la sección de **Configuración de Microsoft Teams**).

**PASO 6**

Guarda el archivo **JSON** de configuración y cierra la ventana.

Después de completar estos pasos, deberías poder ver la presencia de tus compañeros de equipo de Microsoft Teams en la barra de estado de VS Code. Además, puedes usar comandos específicos para enviarles mensajes directamente desde el editor.

## 8.4.2 Integración de Slack en VS Code

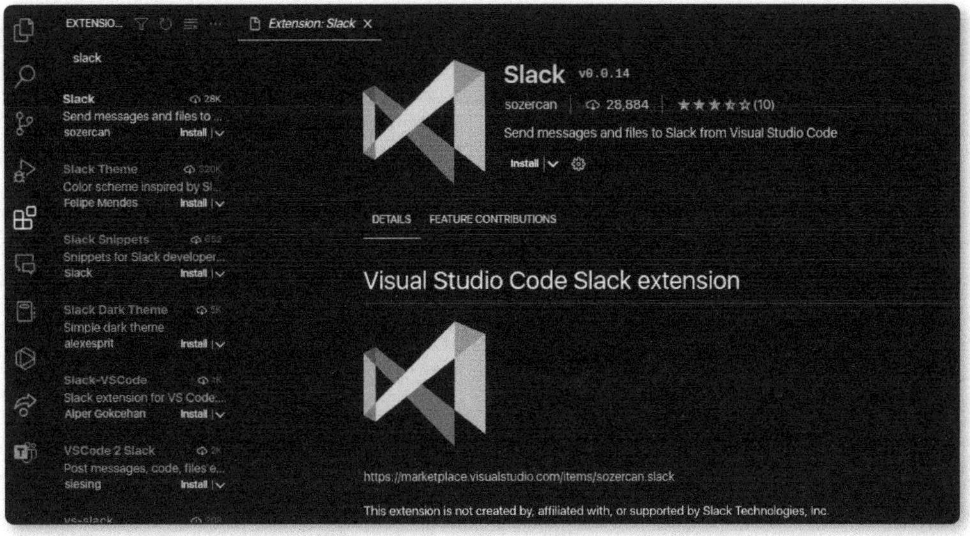


**Figura 8.6.** Link de la extensión Slack para VSCode.

Para integrar Slack en VS Code, necesitarás instalar una extensión llamada **Slack**. Puedes hacerlo siguiendo estos pasos.

**PASO 1**

Abre VS Code y haz clic en el botón de extensiones en la barra lateral izquierda o presiona **Ctrl + Shift + X**.

**PASO 2**

Busca **Slack** en la barra de búsqueda y haz clic en **Install** para instalar la extensión.

**PASO 3**

Una vez que la extensión se haya instalado, haz clic en el botón de **Configuración** en la esquina inferior derecha de VS Code y selecciona **Settings**.

**PASO 4**

Busca **Slack** en la barra de búsqueda y haz clic en **Edit in settings.json**.

PASO 5

Agrega las credenciales de autenticación de **Slack** en el archivo **JSON** de configuración (puedes obtenerlas en la sección de **Configuración** de Slack).

PASO 6

Guarda el archivo **JSON** de configuración y cierra la ventana.

Después de completar estos pasos, deberías poder ver la lista de canales y mensajes de Slack en la barra lateral izquierda de VS Code. Además, puedes usar comandos específicos en VS Code para enviar mensajes a tus compañeros de equipo directamente desde el editor.

La integración de Microsoft Teams y Slack en VS Code puede ayudarte a colaborar de manera más eficiente y productiva con tus compañeros de equipo. Con las extensiones adecuadas instaladas y configuradas, puedes usar VS Code para enviar mensajes, compartir archivos y estar al tanto de las conversaciones importantes en tiempo real.

## 8.5 ACTIVIDADES

A continuación se presentan las preguntas y los ejercicios que deberías saber responder y resolver para considerar aprendido el capítulo.

### 8.5.1 Test de autoevaluación

1. *¿Cómo pueden varios desarrolladores colaborar en tiempo real en un mismo archivo en Visual Studio Code?*
2. *¿Existen herramientas integradas en Visual Studio Code para revisar y aprobar el trabajo de otros miembros del equipo?*
3. *¿Es posible configurar permisos de acceso para diferentes colaboradores en un proyecto compartido en Visual Studio Code?*
4. *¿Se pueden sincronizar automáticamente los cambios realizados por diferentes usuarios en un mismo archivo en Visual Studio Code?*
5. *¿Es posible compartir archivos y proyectos con usuarios que no tengan Visual Studio Code instalado?*

### 8.5.2 Ejercicios prácticos

1. *Crea un proyecto en Visual Studio Code y compártelo con un compañero de equipo. Trabajen en conjunto para agregar nuevas funcionalidades y correcciones de errores, y utilicen la función de control de versiones para gestionar los cambios realizados.*

2. *Participa en una sesión de codificación en vivo en la que varios desarrolladores colaboran en tiempo real en un mismo archivo de Visual Studio Code. Trabajen juntos para resolver un problema específico, y utilicen las funciones de chat y videoconferencia integradas en la herramienta para comunicarse.*

3. *Crea un script automatizado en Visual Studio Code para sincronizar automáticamente los cambios realizados por diferentes usuarios en un mismo archivo en tiempo real. Prueba el script con un equipo de desarrolladores para asegurarte de que los cambios se actualicen correctamente.*

4. *Trabaja en conjunto con tu equipo para agregar comentarios y anotaciones al código de un proyecto en Visual Studio Code. Utiliza una herramienta de análisis de código, como ESLint o Prettier, para asegurarte de que los comentarios sean consistentes y fáciles de entender.*

5. *Crea un sistema de revisión y aprobación de comentarios en Visual Studio Code para asegurarte de que todos los miembros del equipo estén al tanto de los cambios realizados y de las decisiones tomadas en relación con el proyecto.*

# 9

# INTEGRACIÓN CON GIT Y CONTROL DE VERSIONES

La integración con Git y el control de versiones en VS Code permiten a los desarrolladores trabajar en equipo de manera más eficiente y efectiva en proyectos de software. Git es un sistema de control de versiones distribuido que permite a los desarrolladores realizar un seguimiento de los cambios en el código fuente a lo largo del tiempo.

## 9.1 ¿QUÉ ES GIT?

VS Code admite la integración con Git para la gestión de versiones, que se puede usar para realizar varias acciones como:

- **Iniciar un nuevo repositorio de Git**: para iniciar un nuevo repositorio de Git.
- **Clonar un repositorio de Git existente**: los desarrolladores pueden clonar un repositorio de Git existente abriendo la paleta de comandos en VS Code.
- **Ver el historial de Git**: es posible ver el historial de Git y los cambios realizados en el código fuente en VS Code.
- **Crear nuevas ramas y fusionarlas**: los desarrolladores pueden crear nuevas ramas y fusionarlas utilizando la integración de Git en VS Code.
- **Hacer commit y push de cambios**: se pueden hacer **commit** y **push** de los cambios en el código fuente a un repositorio de Git utilizando la **vista de control de versiones** en VS Code.

Git es un sistema de control de versiones distribuido, diseñado para manejar todo tipo de proyectos de software, desde pequeños hasta muy grandes, de manera eficiente y confiable.

Es una herramienta que se utiliza para guardar un registro de todos los cambios que se hacen en los archivos de un proyecto y permite, a los desarrolladores, trabajar de forma colaborativa en el mismo proyecto sin sobrescribir los cambios de los demás.

Git realiza un seguimiento de todas las versiones del código fuente de un proyecto, gracias al que es posible ver los cambios realizados en cada versión y volver a versiones anteriores si es necesario (**Figura 9.1.**).

**Figura 9.1.** Pantalla de git-scm.com.

Se diferencia de otros sistemas de control de versiones en que es un sistema distribuido. Esto significa que cada desarrollador tiene una copia completa del repositorio de Git en su propia máquina, lo que permite trabajar sin conexión y fusionar cambios con otros desarrolladores de forma más fácil y rápida. Se utiliza comúnmente en proyectos de software de código abierto y en proyectos comerciales, y es una herramienta esencial para cualquier desarrollador de software que trabaje en equipo y quiera mantener un control de versiones de su código fuente.

## 9.2 CONTROL DE VERSIONES

El control de cambios en Git es un sistema que permite gestionar las versiones de un proyecto de software a lo largo del tiempo. Se pueden realizar cambios en el código fuente del proyecto y guardar esos cambios en un registro histórico que permita controlar el progreso y las modificaciones realizadas en él. Al ser Git un sistema distribuido de control de versiones, cada usuario tiene su propia copia completa del repositorio, incluyendo todo el historial de cambios. Cada vez que se realiza un cambio en el código fuente, Git crea una instantánea de todo el estado actual del proyecto y la guarda en una **confirmación** (**commit**). Cada confirmación en Git tiene una identificación única llamada **hash**. Por eso, los desarrolladores pueden hacer referencia a una confirmación específica en el historial del proyecto, lo que les permite observar exactamente cómo se veía el proyecto en ese punto del tiempo. El control de cambios en Git también admite trabajar en diferentes **ramas** (**branches**) del proyecto. Las **ramas** son líneas de desarrollo separadas que habilitan trabajar en nuevas características o correcciones de errores sin afectar la versión principal del proyecto. Cuando se completa una **rama**, se puede fusionar con la rama principal (**master**) del proyecto.

## 9.3 INTEGRACIÓN CON GIT EN VISUAL STUDIO CODE

La integración de Git en Visual Studio Code es una característica importante que permite a los desarrolladores de software trabajar con Git de manera eficiente y efectiva. Como requisito primario se debe tener instalado Git en su sistema.

Para instalar Git en Windows, debes seguir estos pasos:

**PASO 1**

Descarga el instalador de Git desde su sitio web oficial desde este **enlace**.

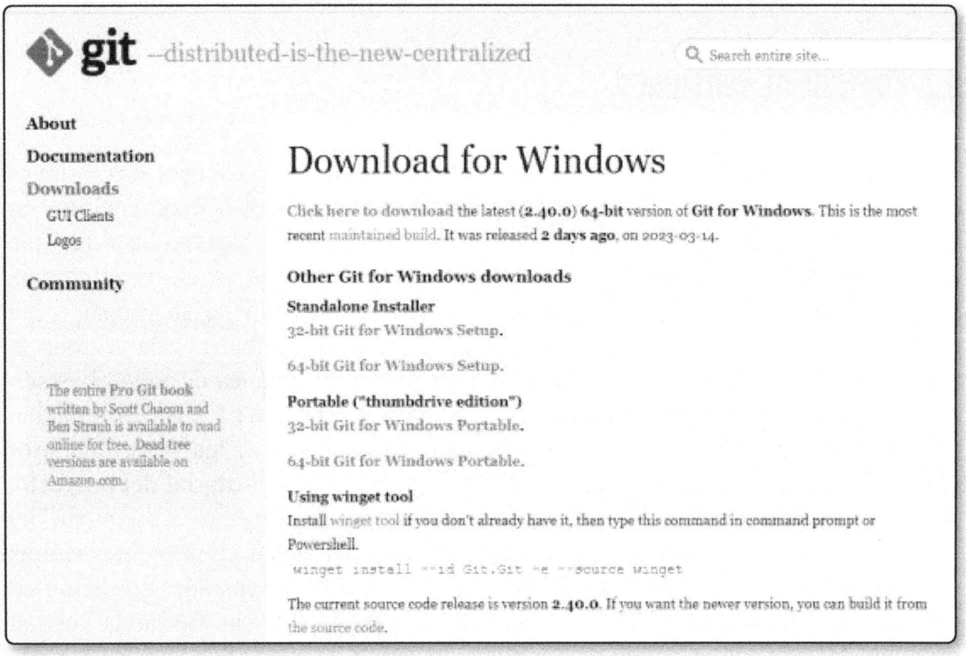


**PASO 2**

Haz doble clic en el archivo descargado para ejecutar el instalador.

**PASO 3**

Selecciona el idioma de tu preferencia y haz clic en **Siguiente**.

**PASO 4**

Acepta los términos de la licencia y haz clic en **Siguiente**.

**PASO 5**

Selecciona la ubicación de instalación de Git o deja la ubicación predeterminada y haz clic en **Siguiente**.

**PASO 6**

Selecciona los componentes que deseas instalar. A menos que tengas una razón para hacerlo, deja los componentes predeterminados y haz clic en **Siguiente**.

**PASO 7**

Selecciona el editor de texto que deseas utilizar con Git, en este caso VS Code, y haz clic en **Siguiente**.

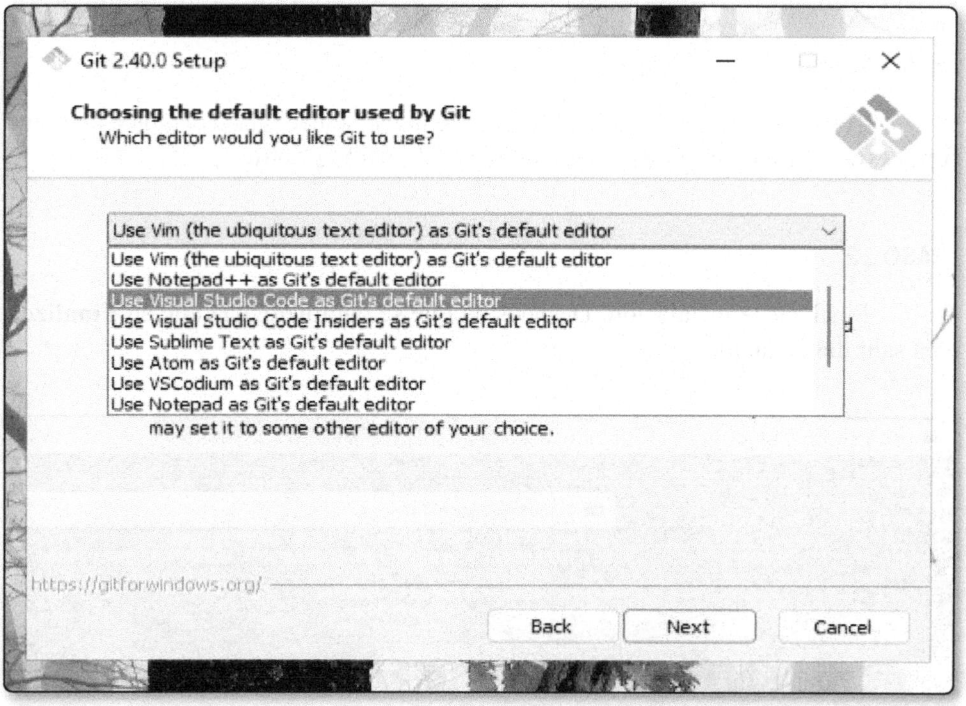

PASO 8

Configura la variable de entorno **PATH**. Selecciona la opción **Usar Git desde la línea de comandos y también desde el símbolo del sistema de Windows**. Haz clic en **Siguiente**.

PASO 9

Selecciona el cliente SSH que deseas utilizar con Git o deja la opción predeterminada y haz clic en **Siguiente**.

PASO 10

Configura la terminal de Git. Selecciona la opción **Usar la terminal predeterminada de Git Bash** y haz clic en **Siguiente**.

PASO 11

Configura la compatibilidad de final de línea. Selecciona la opción **Checkout como está, confirmar cómo se escribe** y haz clic en **Siguiente**.

PASO 12

Finalizar la instalación. Después de que se complete, haz clic en **Finalizar** para salir del instalador.

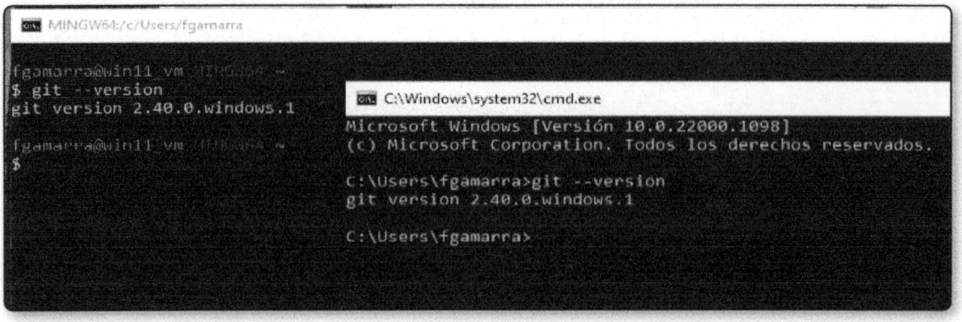

Con los siguientes pasos, podrás integrar Git en Visual Studio Code y comenzar a administrar tu código fuente de manera efectiva.

PASO 1

**Verificar la instalación**: para verificar que Git se ha instalado correctamente, abre una ventana de línea de comando y escribe **git —versión**. Deberías ver una salida que indica la versión de Git que se ha instalado.

Una vez cumplido el requisito, inicia Visual Studio Code y abre el proyecto en el que deseas trabajar.

PASO 2

**Abrir el panel de control de Git**: haz clic en el icono de Git en la barra lateral de Visual Studio Code para abrir el panel de control.

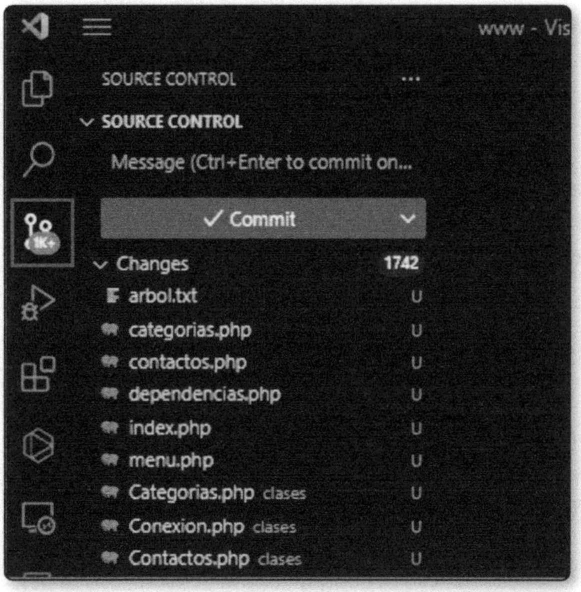


PASO 3

**Iniciar un repositorio Git**: si aún no has creado un repositorio Git para tu proyecto, haz clic en **Inicializar repositorio** en el panel de control de Git. Esto creará un archivo **.gitignore** y un archivo **.git** en el directorio raíz de tu proyecto

**PASO 4**

**Seleccionar los archivos que deseas agregar**: selecciona los archivos que deseas agregar a tu repositorio Git. Para ello, haz clic derecho en el archivo en el panel de exploración y selecciona **Agregar al control de código fuente**.

**PASO 5**

**Realizar una confirmación (commit)**: después de agregar los archivos al control de código fuente, puedes realizar una confirmación (**commit**) haciendo clic en el icono de ✓ en el panel de control de Git. Deberías agregar un mensaje de confirmación que describa los cambios que has realizado.

**PASO 6**

**Empujar cambios (push)**: si deseas compartir tu código con otros desarrolladores, debes empujar (**push**) los cambios a un repositorio Git en línea. Para esto, haz clic en el icono de **Sincronizar** en el panel de control de Git y selecciona **Empujar** desde el menú desplegable.

**PASO 7**

**Obtener cambios (pull)**: si otros desarrolladores han realizado cambios en el repositorio Git en línea, debes obtener (**pull**) esos cambios en tu proyecto local. Para ello, haz clic en el icono de **Sincronizar** en el panel de control de Git y selecciona **Obtener** desde el menú desplegable.

## 9.4 TRABAJAR CON REPOSITORIOS DE GIT

Trabajar con repositorios Git en Visual Studio Code requiere conocer algunos comandos básicos para verificar el estado del repositorio, añadir archivos al área de preparación, confirmar, subir y descargar cambios, y trabajar en ramas diferentes.

Con estas herramientas, se pueden realizar tareas en proyectos de programación de manera eficiente y colaborativa.

Para comenzar, se debe instalar Git y abrir el repositorio en Visual Studio Code. Si la carpeta no es un repositorio Git aún, se puede inicializar uno nuevo o clonar uno ya existente desde un repositorio remoto. Es importante verificar el estado del repositorio, añadir los archivos modificados o agregados al área de preparación y confirmar los cambios con un mensaje descriptivo.

Si se trabaja en un repositorio remoto, se pueden subir los cambios al servidor remoto y descargar los cambios realizados por otros miembros del equipo. Además, es posible trabajar en ramas diferentes a la principal para experimentar o separar distintas funcionalidades.

Se pueden crear ramas nuevas y cambiar entre ellas con facilidad. De manera práctica, puedes hacerlo de la siguiente manera.

## 9.4.1 Abrir la consola de Visual Studio Code

Puedes trabajar con Git directamente desde Visual Studio Code sin tener que abrir aparte la consola de Windows, **Git Bash**, etcétera.

Para abrir el terminal (**consola**), solo se debe presionar la combinación de teclas **Ctrl + Shift + Ñ** o bien, en el menú ir a **Terminal** y de ahí a **Nuevo terminal**. (Figura 9.2.).

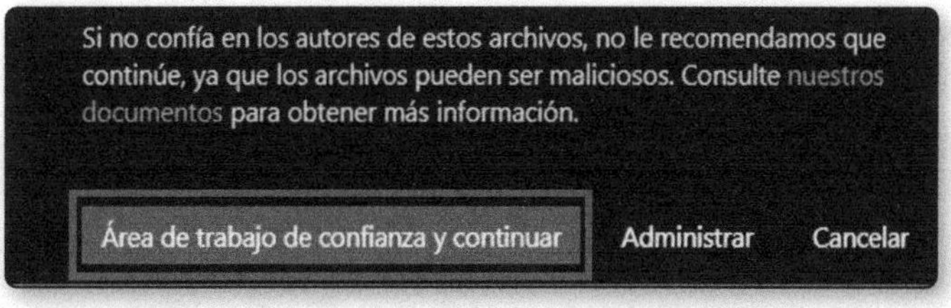


**Figura 9.2.** Botón de confianza sobre el proyecto.

Si el proyecto te pertenece, no tienes nada que temer. Pulsa el botón azul y se abrirá la consola **PowerShell** de Windows.

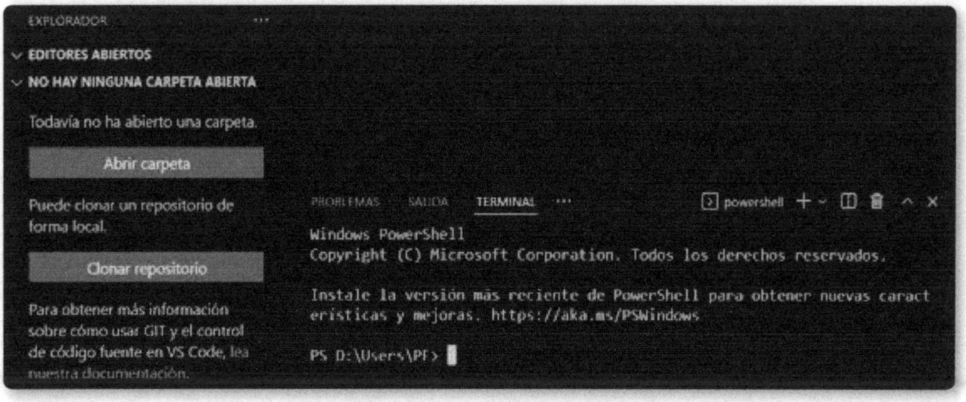


**Figura 9.3.** PowerShell desde VS Code.

Ahora, lo importante es abrir la **Git Bash**, de modo que se deberá seleccionar la opción llamada de esta manera desde la opción del botón desplegable lateral.

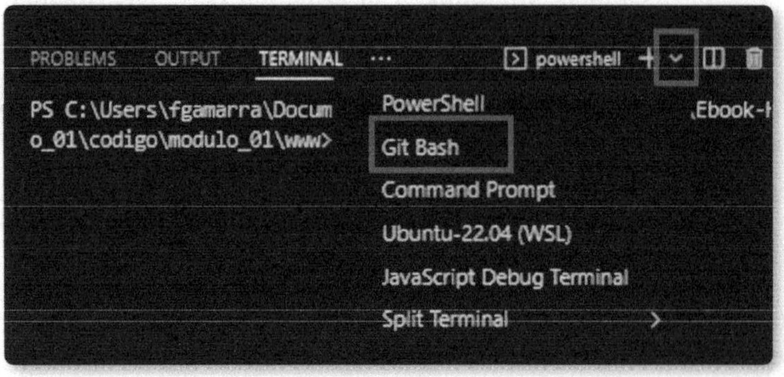


**Figura 9.4.** Selección de GitBash desde VS Code.

## 9.4.2 Escribir comandos de Git en la consola de Visual Studio Code

Es posible trabajar de la misma forma que lo haces con la consola Git Bash independiente.

**Figura 9.5.** GitBash dentro de VS Code.

**Figura 9.6.** Utilizando GitBash dentro de VS Code.

### 9.4.3 Abrir un proyecto en Visual Studio Code

Algo que puedes hacer es ir a la pestaña de **Control de código fuente** con la combinación de teclas **Ctrl + Shift + G** o hacer clic en ella. De los dos botones que se muestran, utiliza el de **Abrir carpeta** (Figura 9.7.).

**Figura 9.7.** Botón para abrir una carpeta de proyecto en VSCode.

Aquí se debe seleccionar la carpeta que contenga los archivos del proyecto por utilizar o se puede crear una nueva.

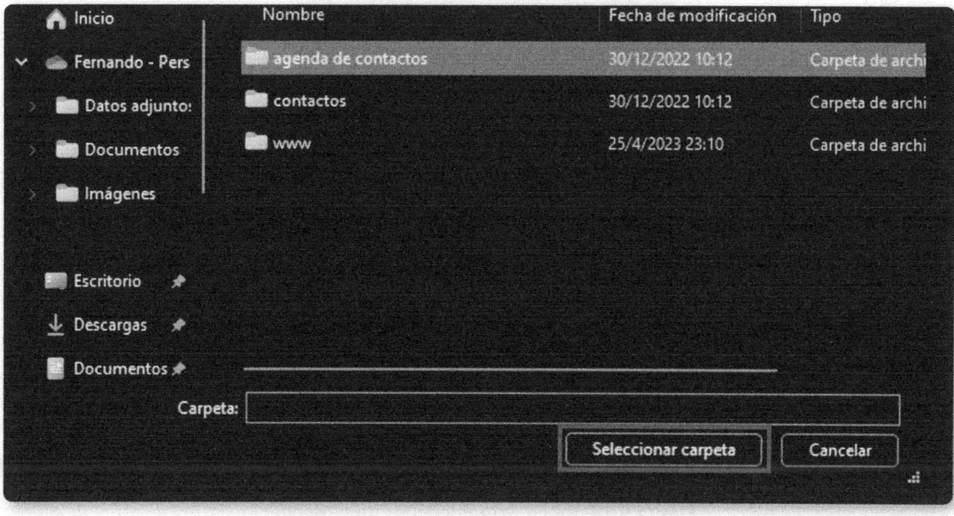


**Figura 9.8.** Selección de carpeta de proyecto.

Se debe dar permiso marcando la opción **Confiar en los autores de todos los archivos de la carpeta principal ruta-carpeta** y hacer clic en el botón azul.

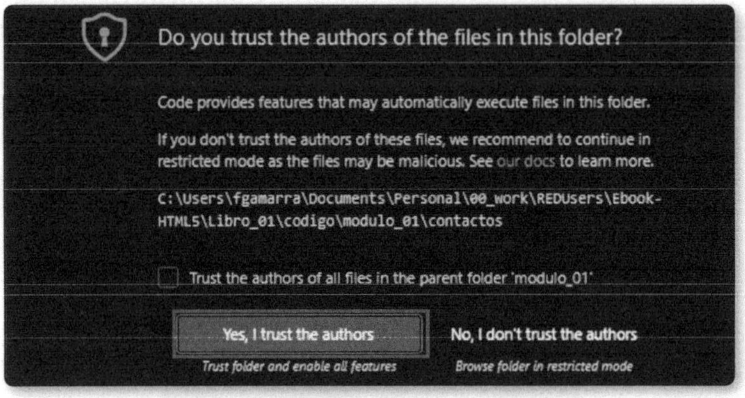


**Figura 9.9.** Botón para confiar en los autores de una carpeta de proyecto.

### 9.4.4 Inicializar el repositorio de Git sin comandos con VS Code

Si no se ha inicializado el proyecto aún, se puede hacer clic en la pestaña de **Control de código fuente** y se podrá inicializar (**git init**) o incluso publicarlo en un repositorio de Git.

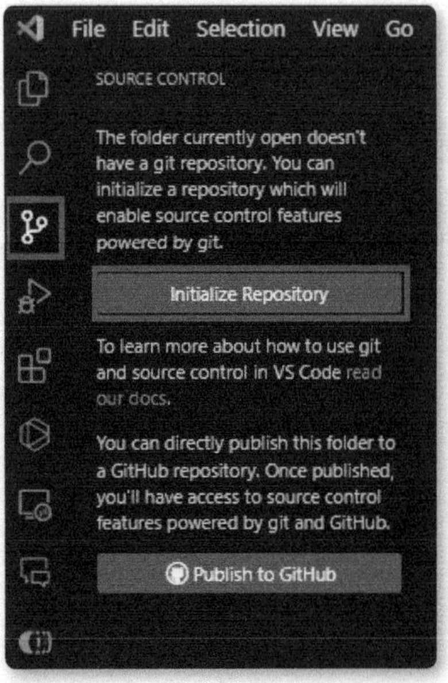


**Figura 9.10.** Botón para inicializar un proyecto.

## 9.4.5 Añadir archivos a .gitignore en Visual Studio Code

Si haces clic derecho sobre un archivo, lo podrás añadir a **.gitignore** para que se ignore en el repositorio.

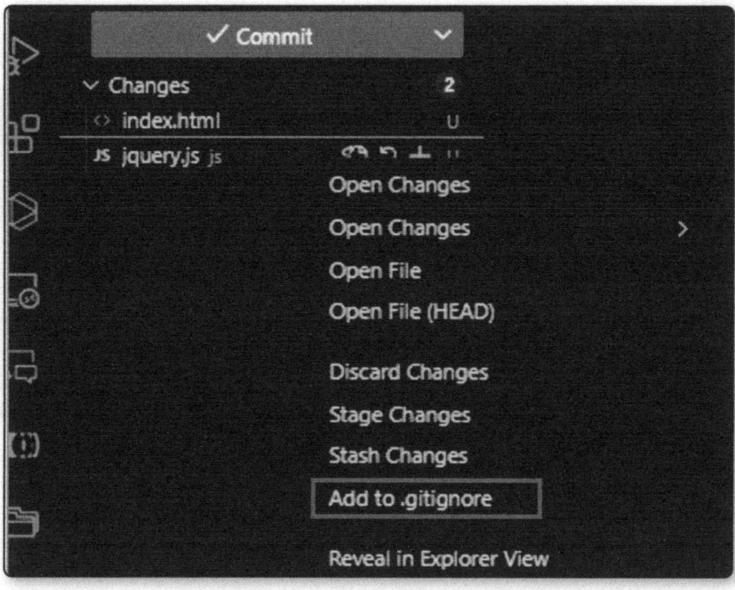


**Figura 9.11**. Botón para ignorar un proyecto.

## 9.4.6 Hacer un commit desde la interfaz gráfica de VS Code

Si se quiere confirmar (**commit**) todo lo que hay en el área de **staging**, se debe escribir un mensaje en el cuadro de texto y pulsar las teclas **Ctrl + Enter** o bien en el botón señalado en la **Figura 9.12.**:

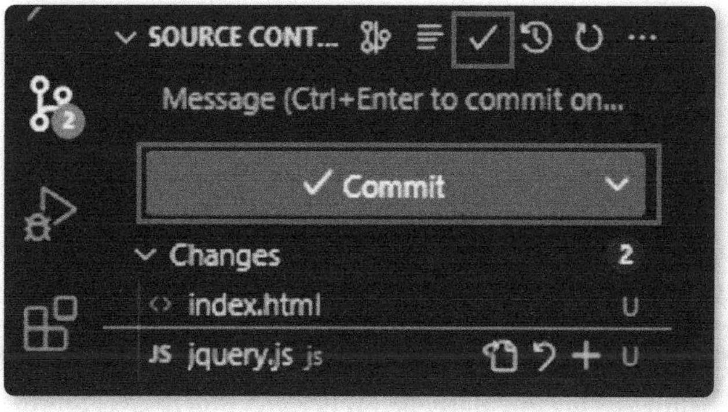


**Figura 9.12.** Subir cambios desde la interfaz VS Code.

### 9.4.7 Publicar rama en repositorio de GitHub desde Visual Studio Code

La publicación de la rama en un repositorio de GitHub, se hará desde este botón, pero antes hay que tener una extensión de GitHub configurada en Visual Studio Code.

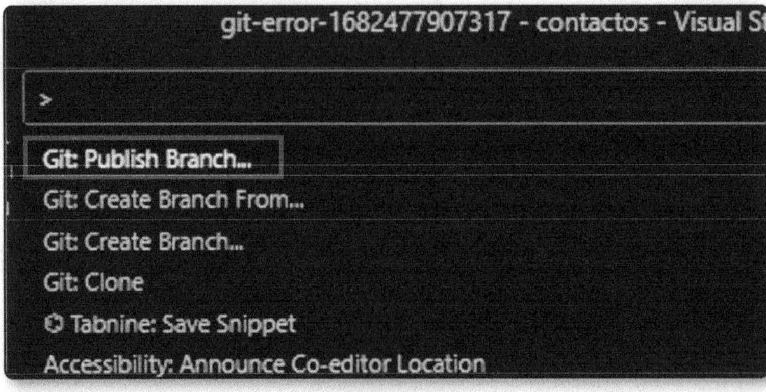


**Figura 9.13.** Publicar rama desde la interfaz VS Code.

No aparece nada en la pestaña de **Control de código fuente**.

¿Dónde se ha hecho este **commit**? La respuesta es: en la rama que tienes activa en Visual Studio Code. Compruébalo en la consola con un **git log** (**Figura 9.14.**).

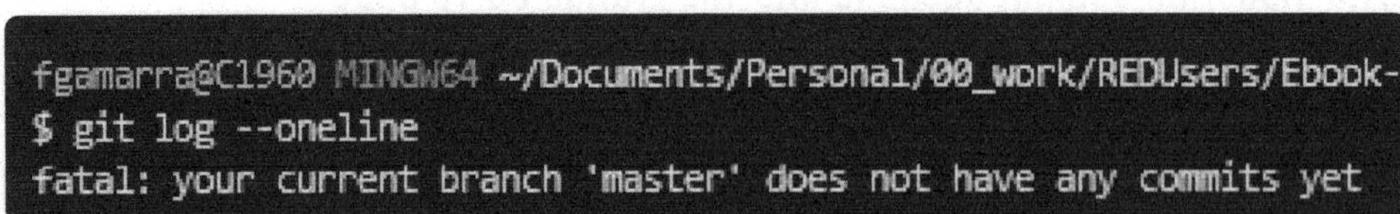


**Figura 9.14.** Consola de Git en VSCode.

### 9.4.8 Borrar ramas de Git

Abre el panel de control de Git integrado en Visual Studio Code desde la barra lateral izquierda, haciendo clic en el icono de Git o presionando **Ctrl + Shift + G** (en Windows) o **Command + Shift + G** (en Mac). Presiona el botón de **rama** en la parte inferior del panel de control de Git. Esto mostrará una lista de todas las ramas en tu repositorio. Haz clic derecho en la rama que deseas eliminar y selecciona

**Borrar Rama** en el menú contextual que aparece. Se te pedirá que confirmes que deseas eliminar la rama.

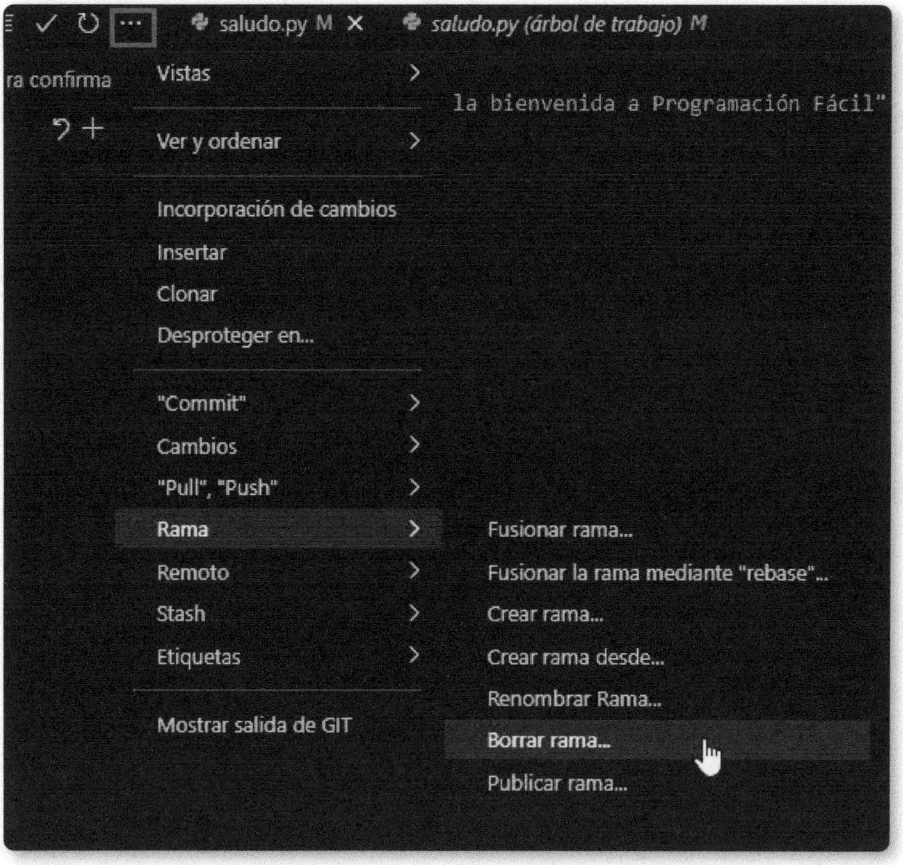


**Figura 9.15.** Eliminar una rama desde VSCode.

Quedan algunas opciones más que se pueden utilizar desde la interfaz gráfica de Visual Studio Code. Como resumen se destaca que Git es un sistema de control de versiones distribuido que permite rastrear cambios en archivos y colaborar en proyectos de software. Con Git, se pueden crear ramas para trabajar en diferentes características sin afectar la versión principal del código. También es posible revertir cambios y fusionar diferentes ramas. Visual Studio Code tiene una integración completa con Git, lo que facilita la gestión de cambios y el control de versiones. Los desarrolladores pueden clonar, crear y abrir repositorios de Git directamente desde Visual Studio Code. También pueden realizar seguimiento de cambios y confirmarlos en Git, todo desde la interfaz de usuario de Visual Studio Code.

## 9.5 ACTIVIDADES

A continuación se presentan las preguntas y los ejercicios que deberías saber responder y resolver para considerar aprendido el capítulo.

### 9.5.1 Test de autoevaluación

1. *¿Qué es el control de cambios y por qué es importante en el desarrollo de software?*
2. *¿Cuáles son las principales características del sistema de control de cambios Git?*
3. *¿Cómo se crea y almacena una confirmación en Git?*
4. *¿Cuál es la diferencia entre una rama (***branch***) y una confirmación (***commit***) en Git?*

### 9.5.2 Ejercicios prácticos

1. *Ejercicio de práctica de comandos básicos de Git:*
   - Crea un nuevo repositorio de Git en tu computadora.
   - Agrega un archivo llamado **index.html** al repositorio.
   - Realiza una confirmación (**commit**) con un mensaje descriptivo.
   - Crea una rama (**branch**) llamada **desarrollo**.
   - Realiza algunos cambios en el archivo **index.html** y confirma los cambios en la rama **desarrollo**.
   - Fusiona la rama **desarrollo** con la rama principal (**master**).
2. *Ejercicio de práctica de revertir cambios en Git:*
   - Crea un nuevo repositorio de Git y agrega algunos archivos.
   - Realiza algunos cambios en un archivo y confírmalos.
   - Realiza algunos cambios adicionales en el archivo y confirma los cambios nuevamente.
   - Descubre que los cambios adicionales fueron un error y necesitas revertirlos.

- Utiliza el comando **git log** para encontrar el hash de la confirmación en la que se hizo el cambio no deseado.
- Utiliza el comando **git revert** para revertir el cambio no deseado.

3. *Ejercicio de práctica de trabajo en equipo con Git:*

- Crea un nuevo repositorio de Git en GitHub.
- Invita a un compañero de equipo para que colabore en el repositorio.
- Crea una rama (**branch**) y agrega algunos cambios al repositorio.
- Comunica los cambios realizados a tu compañero de equipo y pídele que revise tus cambios.
- Revisa los cambios que tu compañero de equipo ha realizado en el repositorio y da tu aprobación.
- Fusiona la rama con los cambios en la rama principal (**master**).

4. *Ejercicio de práctica de ramas (***branches***) en Git:*

- Crea un nuevo repositorio de Git y agrega algunos archivos.
- Crea dos ramas (**branch**) nuevas: **desarrollo** y **correcciones**.
- Realiza algunos cambios en la rama **desarrollo** y confirma los cambios.
- Descubre que hay errores en los cambios realizados y crea una confirmación (**commit**) en la rama **correcciones** para solucionarlos.
- Fusiona la rama **correcciones** con la rama **desarrollo**.
- Fusiona la rama **desarrollo** con la rama principal (**master**).

5. *Ejercicio de práctica de colaboración con Git:*

- Crea un nuevo repositorio de Git en GitHub.
- Invita a varios compañeros de equipo para que colaboren en el repositorio.
- Crea un archivo de especificaciones para un nuevo proyecto y agrega algunas tareas.
- Asigna tareas específicas a cada miembro del equipo y crea una rama (**branch**) para cada tarea.

- Cada miembro del equipo trabaja en su tarea en su propia rama y realiza confirmaciones (**commits**) a medida que avanzan.
- Una vez que se han completado todas las tareas, fusiona todas las ramas en la rama principal (**master**) y cierra el proyecto.

# 10

# PRÁCTICAS Y CONSEJOS

Visual Studio Code ha logrado ganarse el corazón de los desarrolladores y consolidarse como uno de los entornos de desarrollo integrado más populares, con una amplia base de usuarios que lo utilizan para programar en diversos lenguajes de programación. Por eso, a continuación se brindan una serie de consejos para optimizar su uso.

## 10.1 CONFIGURACIÓN ÓPTIMA

- **Usa las extensiones adecuadas**: Visual Studio Code tiene una amplia gama de extensiones que pueden ayudarte a mejorar tu flujo de trabajo y aumentar tu productividad. Investiga y utiliza las extensiones que mejor se adapten a tus necesidades.
- **Atajos de teclado**: aprende los atajos de teclado que más utilizas. Esto te permitirá trabajar más rápido y eficientemente. Puedes encontrar una lista completa de atajos de teclado en la documentación oficial de Visual Studio Code.
- **Personaliza tu entorno**: puedes personalizar Visual Studio Code para que se adapte a tus necesidades. Cambia el tema, el tipo de letra, los colores de resaltado de sintaxis y mucho más.
- **Usa la terminal integrada**: Visual Studio Code tiene una terminal integrada que te permite ejecutar comandos directamente desde el editor. Esto te habilita a realizar tareas de administración del sistema, ejecutar pruebas y mucho más sin salir del editor.

- **Usa la función Buscar en archivos**: esta función te permite buscar texto en todos los archivos de tu proyecto. Puedes utilizar expresiones regulares para hacer búsquedas más precisas.
- **Usa la integración con Git**: Visual Studio Code tiene una excelente integración con Git. Puedes realizar confirmaciones, cambios y fusiones directamente desde el editor.
- **Usa las características de depuración**: Visual Studio Code tiene características avanzadas de depuración que te permiten depurar tu código en tiempo real. Esto te ayuda a identificar y solucionar problemas más rápido.
- **Aprende a usar la documentación**: la documentación oficial de Visual Studio Code es excelente y te proporciona información detallada sobre todas las características y extensiones del editor. Aprender a utilizarla te permitirá aprovechar al máximo todas las características del editor.

La configuración óptima de Visual Studio Code puede variar según las necesidades específicas de cada desarrollador y proyecto. Sin embargo, aquí se proponen algunas configuraciones generales que podrían ayudarte a optimizar tu experiencia de programación.

**Configuración del Editor**

- **editor.formatOnSave**: activar esta configuración te permite formatear automáticamente tu código cada vez que guardas un archivo.
- **editor.rulers**: definir esta configuración te permite establecer líneas verticales en el editor para ayudarte a mantener un ancho de línea coherente.
- **editor.wordWrap**: establecer esta configuración en **on** te permite ajustar automáticamente el texto en el editor para que se ajuste a la ventana.
- **editor.tabSize**: establecer esta configuración te permite determinar el tamaño de la pestaña en espacios.

**Configuración de la Terminal**

- **terminal.integrated.shell.windows**: establecer esta configuración te permite cambiar la terminal predeterminada a una diferente, como **PowerShell** o **Git Bash**.

- **terminal.integrated.shellArgs.windows**: establecer esta configuración te permite agregar argumentos adicionales a la terminal, como cambiar la ubicación de inicio.

**Configuración de Git**

- **git.autofetch**: establecer esta configuración en **true** hace que Visual Studio Code verifique automáticamente si hay cambios en el repositorio remoto de Git.
- **git.enableSmartCommit**: activar esta configuración te permite agregar mensajes de confirmación de Git automáticamente con información sobre la tarea actual en la que estás trabajando.
- **git.confirmSync**: establecer esta configuración en **false** desactiva la ventana emergente de confirmación que aparece cuando intentas sincronizar con el repositorio remoto.

**Configuración de la Extensión**

- **extensions.ignoreRecommendations**: establecer esta configuración en **true** desactiva las recomendaciones de extensión que aparecen en el editor.

Es importante tener en cuenta que estas son solo algunas de las configuraciones que podrías utilizar para optimizar tu experiencia de programación en VS Code. Siempre es una buena práctica revisar la documentación oficial y experimentar con diferentes configuraciones para encontrar la que mejor se adapte a tus necesidades.

## 10.2 MEJORES PRÁCTICAS PARA LA ORGANIZACIÓN DEL PROYECTO

La organización del proyecto es una parte crítica del proceso de desarrollo de software, ya que una buena organización del proyecto puede mejorar significativamente la productividad y la eficiencia. A continuación, se presentan algunas mejores prácticas para la organización del proyecto utilizando VS Code.

- **Utiliza un sistema de gestión de código fuente**: utiliza un sistema de gestión de código fuente, como Git, para almacenar y controlar todas las versiones de tu proyecto. Como ya sabes, Visual Studio Code tiene una excelente integración con Git, lo que lo convierte en una herramienta ideal para el control de versiones.

- **Estructura tu proyecto de manera lógica**: organiza tu proyecto de manera lógica utilizando una estructura de carpetas bien definida. Esto facilita la navegación y la búsqueda de archivos. Algunas estructuras de carpetas comunes incluyen tener una carpeta **src** para el código fuente y una carpeta **test** para las pruebas.

- **Usa nombres de archivo y de carpeta descriptivos**: utiliza nombres de archivo y de carpeta descriptivos que reflejen el contenido de cada archivo. Esto facilita la navegación y la búsqueda de archivos.

- **Utiliza etiquetas para tus archivos**: etiqueta tus archivos utilizando etiquetas como **To-Do**, **Bug**, **Important**, etcétera. Esto te ayudará a priorizar y gestionar tus tareas de manera más eficiente.

- **Utiliza las funciones de búsqueda y filtrado de Visual Studio Code**: utiliza las funciones de búsqueda y filtrado de Visual Studio Code para buscar archivos y palabras clave específicos en tu proyecto. Esto te permitirá encontrar rápidamente el código que necesitas.

- **Utiliza extensiones de Visual Studio Code para organizar tu proyecto**: utiliza extensiones como **Project Manager** o **Workspace Trust** para ayudarte a organizar y gestionar tus proyectos de manera más eficiente.

- **Comenta y documenta tu código**: comenta y documenta tu código de manera clara y concisa para que otros miembros del equipo puedan entenderlo. Esto también te ayudará a recordar lo que estás haciendo y a resolver problemas más rápido.

## 10.3 CONSEJOS PARA EL RENDIMIENTO

Las recomendaciones de rendimiento de Visual Studio están previstas para situaciones de memoria insuficiente, que se pueden plantear en algunos casos. En estas ocasiones, puedes optimizar determinadas características de Visual Studio que no estén usando.

Las sugerencias siguientes están planteadas como recomendaciones generales.

- **Elimina las extensiones innecesarias**: deshabilita o elimina las extensiones que no uses con frecuencia. Cada extensión que tienes instalada puede disminuir el rendimiento general de VS Code.

- **Cierra las pestañas innecesarias**: cierra las pestañas que no estás utilizando, para liberar memoria y aumentar el rendimiento.
- **Usa una versión actualizada de VS Code**: asegúrate de estar utilizando la última versión de VS Code para confirmar que aprovechas las últimas mejoras de rendimiento.
- **Ajusta la configuración de rendimiento**: abre la configuración de VS Code y ajusta la configuración de rendimiento para optimizar la productividad de la aplicación.
- **Usa una máquina potente**: si tu máquina tiene pocos recursos, considera actualizar la RAM o el procesador para mejorar el rendimiento de VS Code.
- **Usa el modo de rendimiento**: VS Code tiene un modo de rendimiento que se puede activar desde la línea de comandos. Este modo desactiva algunas funciones para mejorar el rendimiento.

PASO 1

Abre VS Code.

PASO 2

Presiona las teclas **Ctrl + Shift + P** en Windows o **Cmd + Shift + P** en Mac para abrir la barra de comandos.

PASO 3

Escribe **Toggle Performance Mode** y presiona **Enter**. Esto activará el modo de rendimiento.

Verás que se desactivan algunas funciones de VS Code para mejorar el rendimiento, como por ejemplo las animaciones y algunas extensiones.

Para desactivar el modo de rendimiento, repite los mismos pasos y selecciona **Toggle Performance Mode** nuevamente.

Es importante tener en cuenta que el modo de rendimiento no es una solución mágica para todos los problemas de rendimiento en VS Code, pero puede ayudar a mejorar la velocidad y la capacidad de respuesta en ciertas situaciones.

- **Usa una fuente de tamaño pequeño**: usa una fuente pequeña para reducir la carga en la memoria.
- **Usa la vista de explorador simple**: usa la vista de explorador simple para reducir la cantidad de datos que VS Code tiene que manejar.
- **Usa el almacenamiento en caché**: VS Code tiene un sistema de almacenamiento en caché que puede mejorar el rendimiento al reducir la cantidad de veces que debe leer los archivos del disco.
- **Evita trabajar con archivos muy grandes**: si estás trabajando con archivos muy grandes, VS Code puede tener problemas para manejarlos. Divide los archivos grandes en archivos más pequeños o considera usar una herramienta diferente para trabajar con ellos.

## 10.4 EXTENSIONES RECOMENDADAS

**BookMarks**: ayuda cuando tengas que marcar alguna o varias líneas de código que debas recordar para cambiar o hacer algo importante.

**Link de Enlace**

**Figura 10.1.** Logo de BookMarks.

**Color HightLight**: te ayuda a mostrar los colores que vas a crear en un determinado archivo **.css**.

**Link de Enlace**

**Figura 10.2.** Pantalla de descarga en el market.

**Git History**: permite tener una visión en tiempo real si en un determinado código que estás trabajando ya se ha realizado un **commit** o **push** por otra persona.

Link de Enlace

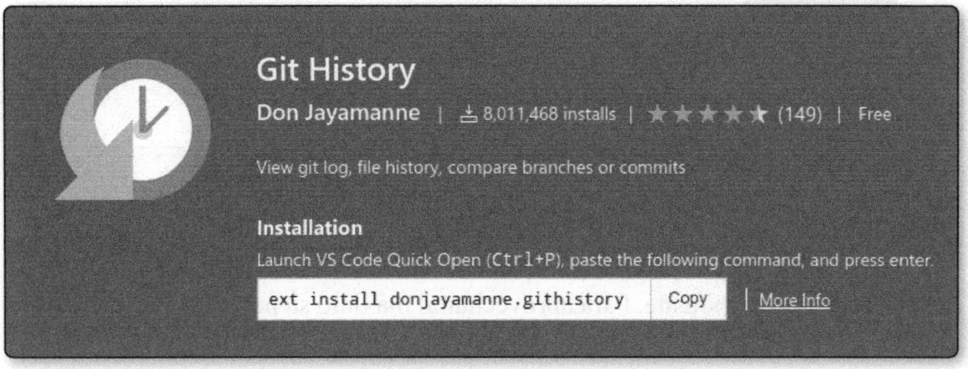


**Figura 10.3.** Pantalla de descarga en el market.

**GitLens**: tiene como objetivo ayudar al desarrollador a verificar quién alteró un determinado archivo o, incluso, una línea en el git.

Link de Enlace

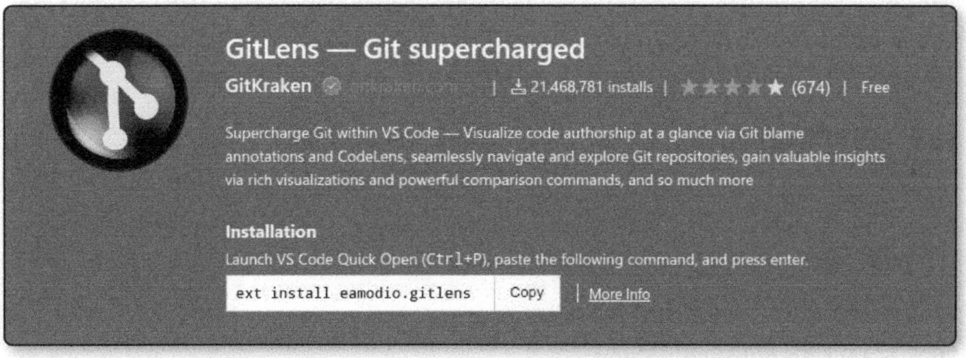


**Figura 10.4.** Pantalla de descarga en el market.

**Guides**: es una extensión que te ayudará a saber si tu código está debidamente indentado.

Link de Enlace

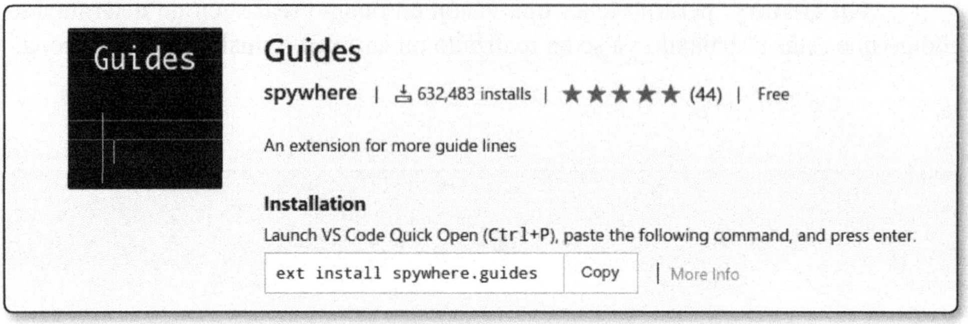


**Figura 10.5.** Pantalla de descarga en el market.

Para resumir, se puede decir que Visual Studio Code es una herramienta de desarrollo popular y potente. Para aprovechar al máximo su potencial, es importante seguir algunas mejores prácticas y consejos.

En cuanto a la configuración óptima, se recomienda personalizar VS Code para que se adapte a tus necesidades específicas. Esto puede incluir ajustar la configuración de rendimiento, activar o desactivar extensiones según tus necesidades y preferencias, y personalizar la apariencia de la interfaz. Para organizar mejor tu proyecto, es importante utilizar el sistema de control de versiones como Git, crear archivos y carpetas de manera estructurada, mantener un registro adecuado de las versiones de tu código y utilizar extensiones para la gestión de proyectos. Siguiendo estas mejores prácticas y consejos, puedes aprovechar al máximo Visual Studio Code y mejorar tu productividad en el desarrollo de software.

## 10.5 ACTIVIDADES

A continuación se presentan las preguntas y los ejercicios que deberías saber responder y resolver para considerar aprendido el capítulo.

### 10.5.1 Test de autoevaluación

1. *¿Cómo se puede personalizar la apariencia de la interfaz en Visual Studio Code?*

2. *¿Cuáles son las extensiones recomendadas para la gestión de proyectos en Visual Studio Code?*

3. *¿Por qué es importante ajustar la configuración de rendimiento en Visual Studio Code?*

4. *¿Qué es el modo de rendimiento en Visual Studio Code y cómo se activa?*

5. *¿Cómo se puede organizar mejor un proyecto en Visual Studio Code utilizando el sistema de control de versiones Git?*

### 10.5.2 Ejercicios prácticos

1. *Aprende los atajos de teclado: Visual Studio Code tiene una gran cantidad de atajos de teclado que te ayudarán a aumentar tu productividad. Por ejemplo,* **Ctrl + Shift + P** *te permite acceder al panel de comando, donde puedes buscar y ejecutar cualquier comando en VS Code. Otros atajos útiles incluyen* **Ctrl + Shift + E** *para abrir el panel de explorador de archivos,* **Ctrl + P** *para abrir la paleta de comandos de búsqueda de archivos y* **Ctrl + Shift + F** *para buscar en todo el proyecto.*

2. *Usa extensiones: Visual Studio Code tiene una gran cantidad de extensiones disponibles que te ayudarán a personalizar el editor y hacer tu trabajo más fácil. Algunas de las extensiones más populares incluyen GitLens para trabajar con Git, Live Server para mostrar una vista previa de tu sitio web en tiempo real, y Prettier para formatear tu código automáticamente.*

3. *Personaliza tu configuración: Visual Studio Code te permite personalizar tu configuración para que se adapte a tus necesidades específicas. Por ejemplo, puedes cambiar la fuente y su tamaño, agregar extensiones o cambiar los atajos de teclado. La forma más fácil de personalizar tu configuración es acceder al archivo de configuración de usuario presionando* **Ctrl + ,** *(coma).*

4. *Configura el espacio de trabajo: Visual Studio Code te permite guardar diferentes configuraciones de espacio de trabajo para que puedas alternar entre ellos fácilmente. Para crear un espacio de trabajo, simplemente abre los archivos y las carpetas que deseas incluir en ese espacio y luego selecciona* **Guardar espacio de trabajo como** *en el menú* **Archivo**.

5. *Configura las extensiones según tus necesidades: cada extensión tiene su propia configuración que puedes ajustar según tus necesidades. Para acceder a la configuración de una extensión, abre la paleta de comandos (***Ctrl + Shift + P***) y busca* **Configurar la extensión**. *A partir de ahí, puedes ajustar la configuración de la extensión según tus necesidades.*

6. *Utiliza carpetas y subcarpetas: organiza tu proyecto en carpetas y subcarpetas lógicas para facilitar la navegación y la búsqueda de archivos. Por ejemplo, puedes crear una carpeta* **assets** *para almacenar imágenes, una carpeta* **js** *para archivos JavaScript y una carpeta* **css** *para archivos CSS.*

# 11

# PROYECTO PRÁCTICO 1: DESARROLLO WEB

Visual Studio Code se ha consolidado como uno de los editores de código más populares y versátiles para el desarrollo web. En este capítulo, se abordará un Proyecto práctico, que se enfoca en el desarrollo web con VS Code. Para ello, se presentará un conjunto de herramientas y recursos que permitirán al lector desarrollar, desde cero, una página web funcional y atractiva, desde la creación del proyecto y la estructuración de los archivos hasta la implementación de estilos y la funcionalidad mediante JavaScript. El objetivo de este capítulo es brindar al lector una guía detallada y completa para el desarrollo web con VS Code con el fin de que pueda aplicar los conocimientos adquiridos en su propio proyecto y continuar su formación en el campo del desarrollo web.

## 11.1 EL PROYECTO EN DETALLE

En este punto, se deben aplicar todos los cocimientos adquiridos en los capítulos anteriores. Para comenzar, se tomarán en cuenta los siguientes parámetros para el correcto diseño de la tienda online con tecnología **HTML5**, **CSS3** y **JS**, que deberán ser aplicados en VS Code.

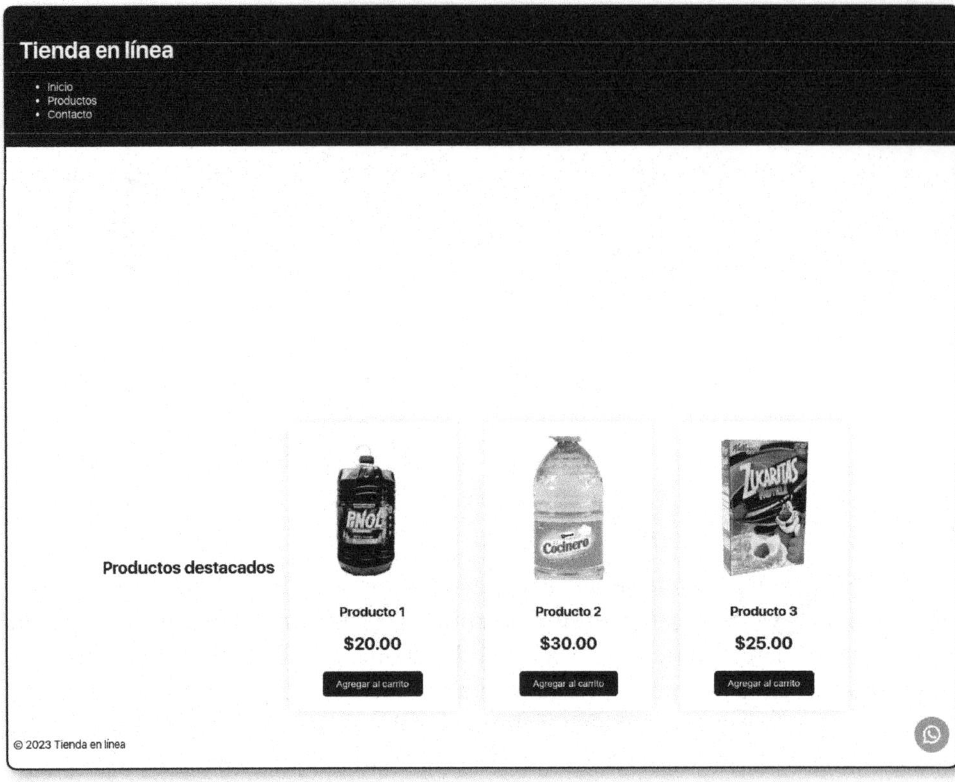


**Figura 11.1.** Página de una tienda simple, incluida para este proyecto.

- **Planifica tu tienda online**: decide qué productos quieres vender, cómo los vas a categorizar, sus precios, el proceso de compra, etcétera.
- **Crea una estructura básica**: define la estructura de tu tienda online y crea las páginas principales. Puedes utilizar HTML5 para crear la estructura de la página y CSS3 para diseñarla. En este caso va a ser de la siguiente manera:

```
.
├── contacto.html
├── css
│ ├── styles.css
│ └── styles.css.back
├── img
│ ├── producto1.jpg
│ ├── producto2.jpg
│ ├── producto3.jpg
│ └── whatsapp.png
├── index.html
├── js
```

```
| ├── cart.js
| └── script.js
└── productos.html
```

- **Agrega animaciones**: para darle un estilo moderno a tu tienda online, puedes agregar transiciones animadas. Es posible usar CSS3 y JavaScript para agregar estas animaciones. En este caso, se podrían sumar los siguientes **css** y **js**:

```
/* Botón flotante de WhatsApp */
.whatsapp-float {
   position: fixed;
   bottom: 20px;
   right: 20px;
   z-index: 9999;
}

.whatsapp-icon {
   width: 50px;
   height: 50px;
   border-radius: 50%;
   background-color: #25d366;
   display: flex;
   justify-content: center;
   align-items: center;
   transition: transform 0.2s ease-out;
}

.whatsapp-icon:hover {
   transform: scale(1.2);
}

/* Estilos para el encabezado */
header {
   background-color: #252525;
   color: #fff;
   padding: 20px;
   position: fixed;
   top: 0;
   left: 0;
   right: 0;
   z-index: 999;
   transition: background-color 0.5s ease;
}

header a {
   color: #fff;
   text-decoration: none;
   transition: color 0.5s ease;
```

```
}

header a:hover {
   color: #ccc;
}

/* Estilos para el banner principal */
#banner {
   background-image: url(banner.jpg);
   background-size: cover;
   background-position: center;
   height: 500px;
   display: flex;
   flex-direction: column;
   align-items: center;
   justify-content: center;
   text-align: center;
   color: #fff;
}

#banner h2 {
   font-size: 3rem;
   margin-bottom: 20px;
}

#banner p {
   font-size: 1.5rem;
}

/* Estilos para los productos destacados */
#productos {
   display: flex;
   flex-wrap: wrap;
   justify-content: center;
   align-items: center;
   margin-top: 50px;
}

.producto {
   background-color: #fff;
   box-shadow: 0 0 20px rgba(0, 0, 0, 0.2);
   margin: 20px;
   padding: 20px;
   text-align: center;
   transition: box-shadow 0.5s ease;
}

.producto:hover {
   box-shadow: 0 0 40px rgba(0, 0, 0, 0.2);
```

```
}

.producto img {
   width: 200px;
   height: 200px;
   object-fit: cover;
   margin-bottom: 10px;
}

.precio {
   font-size: 1.5rem;
   font-weight: bold;
   margin-top: 10px;
}

button {
   background-color: #252525;
   color: #fff;
   border: none;
   padding: 10px 20px;
   border-radius: 5px;
   cursor: pointer;
   transition: background-color 0.5s ease;
}

button:hover {
   background-color: #333;
}

/* Estilos para el carrito de compras */
#carrito {
   position: fixed;
   bottom: 0;
   right: 0;
   background-color: #fff;
   box-shadow: 0 0 20px rgba(0, 0, 0, 0.2);
   padding: 20px;
   display: flex;
   flex-direction: column;
   align-items: center;
   justify-content: center;
   transition: transform 0.5s ease;
   transform: translateX(100%);
   z-index: 999;
}

#carrito.visible {
   transform: translateX(0);
}
```

A continuación, se detallan las partes de este código.

Se establecen los estilos para el botón flotante de WhatsApp:

```
.whatsapp-float {
   position: fixed;
   bottom: 20px;
   right: 20px;
   z-index: 9999;
}

.whatsapp-icon {
   width: 50px;
   height: 50px;
   border-radius: 50%;
   background-color: #25d366;
   display: flex;
   justify-content: center;
   align-items: center;
   transition: transform 0.2s ease-out;
}

.whatsapp-icon:hover {
   transform: scale(1.2);
}
```

El botón se posiciona fijo en la parte inferior derecha de la página con una clase **whatsapp-float** y se le da un alto y ancho de **50px** y un radio de **50%**.

El botón tiene un fondo verde claro y está centrado tanto horizontal como verticalmente.

Cuando se pasa el cursor por encima, el botón aumenta su tamaño en un **20%** con una transición suave.

Se establecen los estilos para el encabezado:

```
header {
   background-color: #252525;
   color: #fff;
   padding: 20px;
   position: fixed;
   top: 0;
   left: 0;
   right: 0;
   z-index: 999;
```

```
    transition: background-color 0.5s ease;
}

header a {
    color: #fff;
    text-decoration: none;
    transition: color 0.5s ease;
}

header a:hover {
    color: #ccc;
}
```

El encabezado de la página tiene un fondo negro y un texto blanco, se posiciona en la parte superior fija de la página y cubre todo el ancho de la pantalla.

Se establece una transición suave para el cambio de color de fondo del encabezado.

Los enlaces en el encabezado son de color blanco y tienen una transición suave para el cambio de color al pasar el cursor por encima.

Se establecen los estilos para el banner principal:

```
#banner {
    background-image: url(banner.jpg);
    background-size: cover;
    background-position: center;
    height: 500px;
    display: flex;
    flex-direction: column;
    align-items: center;
    justify-content: center;
    text-align: center;
    color: #fff;
}

#banner h2 {
    font-size: 3rem;
    margin-bottom: 20px;
}

#banner p {
    font-size: 1.5rem;
}
```

El banner principal tiene una imagen de fondo que cubre todo el ancho del banner. La imagen se ajusta al tamaño del contenedor y se centra vertical y horizontalmente.

El texto del banner se ubica y se ajusta en el centro de la página.

Se establecen los estilos para los productos destacados:

```
#productos {
   display: flex;
   flex-wrap: wrap;
   justify-content: center;
   align-items: center;
   margin-top: 50px;
}

.producto {
   background-color: #fff;
   box-shadow: 0 0 20px rgba(0, 0, 0, 0.2);
   margin: 20px;
   padding: 20px;
   text-align: center;
   transition: box-shadow 0.5s ease;
}

.producto:hover {
   box-shadow: 0 0 40px rgba(0, 0, 0, 0
```

El cuarto bloque de código define los estilos para los productos destacados del sitio web. La etiqueta **#productos** se utiliza para definir el contenedor de los productos. La clase **.producto** define el aspecto de cada uno de los productos, y el estilo **.producto:hover** aplica una transformación cuando el cursor del ratón se coloca sobre un producto.

El último bloque de código define los estilos para el carrito de compras del sitio web. La etiqueta **#carrito** se utiliza para definir el contenido que aparecerá en el carrito. La clase **#carrito.visible** define la posición del carrito en la pantalla (en este caso, en la esquina inferior derecha) y la transición que se aplicará al mostrarlo en la pantalla.

- **Agrega el botón de WhatsApp**: para agregar un botón flotante de WhatsApp, puedes utilizar la API de WhatsApp para crear el botón y luego colocarlo en tu sitio web.

  Desde el **index.html**:

```
<!– Botón flotante de WhatsApp –>
<a href=https://wa.me/1234567890 target=_blank class=whatsapp-float>
    <img src=img/whatsapp.png alt=WhatsApp class=whatsapp-icon>
</a>
```

- **Agrega un carrito de compras**: para permitir que tus clientes agreguen productos a un carrito de compras, puedes utilizar JavaScript. Crea una función que permita agregar y eliminar productos del carrito y que muestre el total de la compra.

```
function getCart() {
    var cart = localStorage.getItem(cart);

    if (!cart) {
        return [];
    }

    return JSON.parse(cart);
}
```

- **Prueba y lanza tu sitio web**: una vez que hayas creado tu tienda online, asegúrate de probarla en diferentes dispositivos y navegadores para asegurarte de que todo funcione correctamente. Cuando estés seguro de que todo funciona, lanza tu sitio web.

A continuación, se ofrecen algunas recomendaciones para editar HTML5 con Visual Studio Code.

Se podrían utilizar las extensiones de **Live Server** y **Emmet** para mejorar tu eficiencia en el desarrollo de la interfaz de usuario y la visualización en tiempo real, y además:

- **Instalar extensiones**: VSCode tiene una gran cantidad de extensiones disponibles en su marketplace, algunas específicas para la edición de HTML.

  Algunas de las extensiones recomendadas para la edición de HTML5 incluyen: **HTML Snippets**, **Auto Close Tag**, **Bracket Pair Colorizer**, **HTML CSS Support** entre otras.

- **Autocompletado**: VSCode tiene una función de autocompletado para HTML5 que te permite escribir código más rápido y con menos errores. Por ejemplo, al escribir una etiqueta como **<img>**, el autocompletado puede ofrecerte sugerencias de atributos que puedes utilizar en la etiqueta.

- **Formateo de código**: puedes utilizar la función **Format Document** de VSCode para formatear tu código HTML5 de manera consistente y legible. Esta función te permite configurar la forma en que se debe formatear el código, incluyendo el tamaño de la sangría y la posición de los corchetes.
- **Resaltado de sintaxis**: VS Code tiene una función de resaltado de sintaxis que te permite ver tu código HTML5 con colores y estilos diferentes para cada elemento, lo que facilita la identificación de errores y la lectura.
- **Uso de snippets**: estos son bloques de código predefinidos que puedes insertar en tu código HTML5 utilizando atajos de teclado. Por ejemplo, si utilizas con frecuencia una determinada etiqueta, puedes crear un snippet para ella y así ahorrar tiempo al escribir tu código.

En general, estas son algunas de las mejores recomendaciones para editar HTML5 con Visual Studio Code. Recuerda que la manera óptima de mejorar tu habilidad para editar código HTML5 es practicando y experimentando con diferentes herramientas y técnicas. Si tienes alguna duda sobre los procedimientos, no dudes en releer los capítulos anteriores.

## 11.2 ACTIVIDADES

A continuación se presentan las preguntas y los ejercicios que deberías saber responder y resolver para considerar aprendido el capítulo.

### 11.2.1 Test de autoevaluación

*1. Describe los bloques de código utilizados en este proyecto.*

*2. Identifica el código que corresponde al carrito de compras.*

*3. ¿Para qué sirven las extensiones Live Server y Emmet?*

### 11.2.2 Ejercicios prácticos

*1. Descarga el código e implementa tu proyecto web.*

*2. Identifica algunas extensiones adicionales e instálalas en VS Code.*

# 12

# APLICACIONES MÓVILES CON VISUAL STUDIO

La programación de aplicaciones móviles se ha convertido en una habilidad esencial en la actualidad, ya que el uso de dispositivos móviles ha aumentado de manera exponencial en los últimos años. La capacidad de crear estas aplicaciones se ha vuelto más accesible gracias a las herramientas de desarrollo de software y a los editores de código modernos, como Visual Studio Code. En este capítulo, se explora cómo utilizar VS Code para el desarrollo de aplicaciones móviles en Android, desde la configuración del entorno de desarrollo hasta la creación de aplicaciones móviles funcionales.

## 12.1 REQUISITOS

Para programar una aplicación de Android con Visual Studio Code, es necesario tomar en cuenta los siguientes requisitos:

**Instalar Android Studio**: Visual Studio Code es un **editor de código**, pero no proporciona un entorno de desarrollo completo para aplicaciones de Android ya que se debe instalar Android Studio para obtener las herramientas necesarias para construir, compilar y depurar aplicaciones de Android.

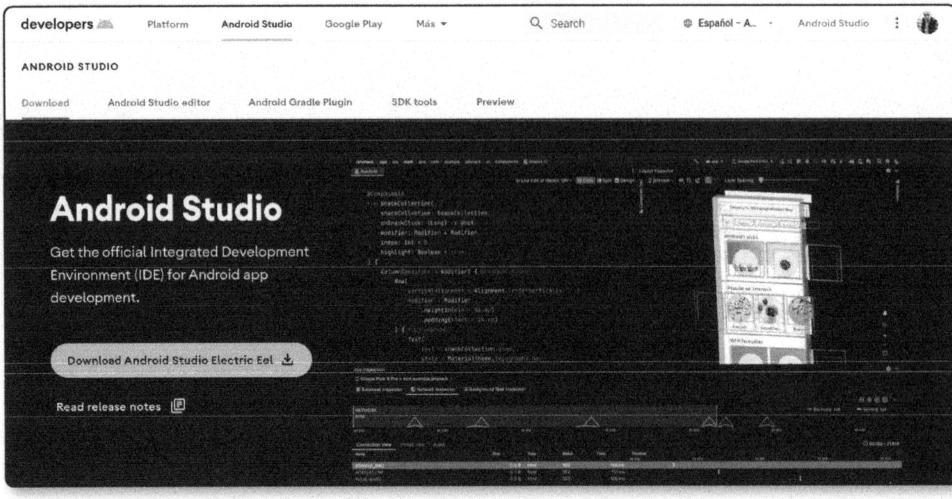


**Figura 12.1.** Pantalla de descarga de Android Studio.

**Instalar la extensión de VS Code para Android**: la extensión de VS Code Android Pack es una herramienta que te permite desarrollar aplicaciones de Android directamente desde el editor de código. Debes instalar esta extensión en VS Code para habilitar la funcionalidad de desarrollo de Android.

VS Code Android Pack: **Enlace**.

**Configurar el SDK de Android**: el SDK de Android es un conjunto de herramientas que necesitas para compilar y ejecutar aplicaciones de Android. Debes asegurarte de que esté configurado correctamente en tu sistema para que puedas compilar y ejecutar aplicaciones de Android desde VS Code.

Android Studio: **Enlace**.

**Configurar el emulador de Android**: el emulador de Android es un entorno virtual que te permite probar y depurar aplicaciones de Android sin necesidad de un dispositivo físico. Debes configurarlo en tu sistema para que puedas ejecutar y depurar tus aplicaciones desde VS Code.

Los pasos para configurar el emulador de Android en tu sistema y poder ejecutar y depurar tus aplicaciones desde VS Code son los siguientes:

**PASO 1**

Descarga e instala Android Studio, es lo primero que necesitas, ya que incluye el emulador de Android y las herramientas necesarias para el desarrollo de aplicaciones de Android. Puedes descargarlo desde el sitio web oficial de Android Studio.

PASO 2

Después de instalar Android Studio, ábrelo y selecciona la opción **AVD Manager** desde la barra de herramientas. Aquí podrás crear un nuevo dispositivo virtual para el emulador de Android.

PASO 3

Dentro del **AVD Manager**, selecciona la opción **Create Virtual Device** y selecciona el dispositivo que deseas emular. Luego, elige la versión de Android que quieres usar y sigue los pasos para completar la configuración del dispositivo virtual.

PASO 4

Una vez que hayas creado el dispositivo virtual, puedes iniciarlo desde **AVD Manager** seleccionando el dispositivo y haciendo clic en el botón **Play**.

PASO 5

Para asegurarte de que VS Code está conectado correctamente con el emulador de Android, ejecuta el comando **flutter doctor** desde la terminal de VS Code. Si todo está configurado correctamente, deberías ver un mensaje que indique que la conexión al emulador de Android se ha establecido.

PASO 6

Una vez que el emulador esté en funcionamiento y conectado a VS Code, puedes ejecutar y depurar tus aplicaciones de Android directamente desde allí. Simplemente abre tu proyecto de Android en VS Code y ejecuta el comando **flutter run** desde la terminal para compilar y ejecutar la aplicación en el emulador de Android.

**Java** y **Kotlin** son los dos lenguajes de programación principales utilizados para desarrollar aplicaciones de Android. Debes tener conocimientos básicos de uno de estos lenguajes para poder programar en Android.

Documentación JAVA en español: **Enlace**.

Documentación Kotlin: **Enlace**.

**Familiaridad con el framework de Android**: Android utiliza un framework específico para el desarrollo de aplicaciones móviles. Debes estar familiarizado con él y sus componentes, como las **Actividades**, **Fragmentos** y **Servicios**. La documentación oficial de Android es una excelente fuente de datos para obtener una comprensión completa del framework de Android. Puedes explorarla en línea en el sitio web de **Android Developers**, donde encontrarás una amplia variedad de guías, tutoriales y ejemplos que cubren diferentes aspectos del desarrollo de aplicaciones de Android. La mejor manera de obtener familiaridad con el framework de Android es a través de la práctica. Comienza con pequeños proyectos y ve aumentando su complejidad a medida que aprendes más sobre el desarrollo de aplicaciones de Android. Participa en foros de desarrolladores de Android y comparte tus proyectos para obtener retroalimentación y mejorar tus habilidades.

## 12.2 KOTLIN Y VS CODE

VS Code es un excelente editor de textos, lo que te permitirá escribir código de Kotlin.

Hay que comenzar instalando el compilador de Kotlin de la siguiente manera.

**PASO 1**

Descarga e instala el **Kit de Desarrollo de Java (JDK)** en tu ordenador. Puedes descargarlo desde el sitio web de **Oracle**.

**PASO 2**

Abre tu navegador y dirígete a la página de descarga de Kotlin en el sitio oficial: **https://kotlinlang.org/docs/getting-started.html**.

**PASO 3**

Haz clic en el botón **Download** y selecciona la versión de Kotlin que deseas descargar.

**PASO 4**

Después de descargar el archivo, descomprímelo en una ubicación que puedas encontrar con facilidad. Por ejemplo, en la carpeta **Program Files** o en el escritorio.

**PASO 5**

Abre el archivo **bin** dentro de la carpeta **Kotlin** que acabas de descomprimir.

**PASO 6**

Haz clic derecho en la **barra de tareas de Windows** y selecciona **Administrar tarea**. Se abrirá la ventana del **Administrador de tareas**.

**PASO 7**

Haz clic en **Archivos** en la barra de menú superior y selecciona **Ejecutar nueva tarea.**

**PASO 8**

En la ventana emergente, haz clic en el botón **Examinar** y navega hasta la carpeta **bin** de Kotlin.

**PASO 9**

Selecciona el archivo **kotlinc.bat** y haz clic en **Abrir**.

**PASO 10**

En la ventana de **Crear tarea**, escribe **cmd** en el campo **Abrir** y haz clic en **Aceptar**.

**PASO 11**

Se abrirá una ventana de **línea de comandos de Windows**. Aquí podrás ejecutar los comandos de Kotlin.

**PASO 12**

Para verificar que Kotlin se ha instalado correctamente, escribe **kotlinc** y presiona **Enter**. Si todo está bien configurado, deberías ver la versión de Kotlin que acabas de instalar.

Para tener resaltado de sintaxis, hay que instalar la extensión **Kotlin Language** en VS Code.

**PASO 1**

Abre VS Code y haz clic en la pestaña **Extensiones** en la barra lateral izquierda.

**PASO 2**

En el cuadro de búsqueda, escribe **Kotlin** y, luego, presiona **Enter**.

**PASO 3**

Debería aparecer la extensión **Kotlin Language** de Mathias Fröhlich. Haz clic en **Instalar**.

**PASO 4**

Después de que la extensión se haya instalado, haz clic en **Recargar** para activarla.

**PASO 5**

Ahora, podrás crear un nuevo archivo de Kotlin haciendo clic en **Archivo** en la barra de menú superior, luego en **Nuevo archivo** y seleccionando **Kotlin** como tipo de archivo.

**PASO 6**

Para probar que todo está funcionando correctamente, puedes escribir un programa simple de Kotlin, como este:

```
fun main() {
   println("Hola, mundo!")
}
```

**PASO 7**

Guarda el archivo con un nombre y extensión **.kt**.

**PASO 8**

Presiona **F5** para ejecutar el programa. Esto abrirá una ventana de terminal en la parte inferior de la pantalla y mostrará el mensaje **Hola, mundo**.

## 12.2.1 Ejecutar código de Kotlin con VS Code

Se debe abrir la consola de VS Code y ejecutar el archivo de **script** como en el siguiente ejemplo:

```
kotlinc -script archivo.kts
```

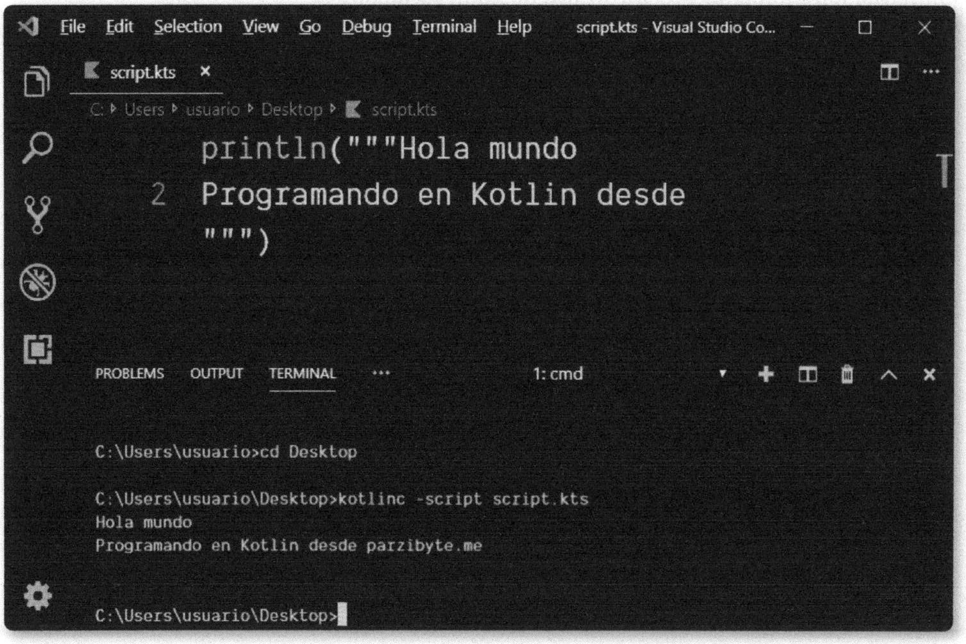


**Figura 12.2.** Abrir terminal y ejecutar archivo de Kotlin desde VS Code.

Para crear un proyecto de Android con Kotlin en Android Studio, sigue estos pasos:

PASO 1

Crea un nuevo proyecto: abre Android Studio y haz clic en **File** > **New** > **New Project**. Selecciona **Empty Activity** como el tipo de proyecto y configura las opciones según tus necesidades.

PASO 2

Configura el proyecto: ingresa un nombre para tu proyecto y selecciona el directorio donde deseas guardarlo. Luego, selecciona el lenguaje de programación **Kotlin** y la versión mínima de Android que deseas admitir.

PASO 3

Agrega código: abre el archivo **MainActivity.kt** ubicado en la carpeta **src/main/java** y agrega el código para tu aplicación. Puedes usar la barra lateral izquierda para navegar por los archivos de tu proyecto.

PASO 4

Ejecuta la aplicación: conecta tu dispositivo Android a la computadora y asegúrate de que la **depuración USB** esté habilitada en la configuración de desarrollador de tu dispositivo. Luego, haz clic en el botón **Run** en la parte superior de la pantalla de Android Studio para compilar y ejecutar tu aplicación en el dispositivo.

A continuación, se muestra un ejemplo de un proyecto de reloj para Android:

```
import android.os.Bundle
import android.os.Handler
import android.os.Looper
import android.widget.TextView
import androidx.appcompat.app.AppCompatActivity
import java.text.SimpleDateFormat
import java.util.*

class MainActivity : AppCompatActivity() {
```

```
    private lateinit var timeTextView: TextView
    private lateinit var dateTextView: TextView

    override fun onCreate(savedInstanceState: Bundle?) {
        super.onCreate(savedInstanceState)
        setContentView(R.layout.activity_main)

        // Buscar TextViews en el diseño
        timeTextView = findViewById(R.id.timeTextView)
        dateTextView = findViewById(R.id.dateTextView)

        // Crear un objeto Handler para actualizar el reloj cada segundo
        val handler = Handler(Looper.getMainLooper())
        handler.post(object : Runnable {
            override fun run() {
                // Obtener la hora y fecha actual
                val calendar = Calendar.getInstance()
                val currentTime = calendar.time
                val dateFormat = SimpleDateFormat("EEE, MMM d, yyyy", Locale.getDe-
fault())
                val timeFormat = SimpleDateFormat("h:mm a", Locale.getDefault())
                // Actualizar los TextViews con la hora y fecha actuales
                timeTextView.text = timeFormat.format(currentTime)
                dateTextView.text = dateFormat.format(currentTime)
                // Volver a programar la actualización en un segundo
                handler.postDelayed(this, 1000)
            }
        })
    }
}
```

Este código utiliza la clase **Calendar** de Java para obtener la hora y fecha actuales, y la clase **SimpleDateFormat** para formatear la hora y fecha en un formato legible para el usuario. Luego, actualiza dos **TextViews** en la pantalla con la hora y fecha actuales cada segundo utilizando un objeto **Handler** y el método **postDelayed**.

Ten en cuenta que este es solo un ejemplo básico y que puedes personalizar la aplicación de reloj agregando funciones adicionales, como alarmas o temporizadores, según tus necesidades.

## 12.3 ACTIVIDADES

A continuación se presentan las preguntas y los ejercicios que deberías saber responder y resolver para considerar aprendido el capítulo.

### 12.3.1 Test de autoevaluación

1. *¿Por qué se ha convertido la programación de aplicaciones móviles en una habilidad esencial en la actualidad?*

2. *¿Qué herramientas de desarrollo de software y editores de código modernos se utilizan para crear aplicaciones móviles en Android?*

3. *¿Qué conceptos básicos de la programación de aplicaciones móviles se cubren en este capítulo?*

4. *¿Cuáles son los componentes de Android y por qué son importantes en la programación de aplicaciones móviles?*

5. *¿Por qué VS Code es una buena opción para el desarrollo de aplicaciones móviles en Android?*

### 12.3.2 Ejercicios prácticos

1. *Investiga y compara diferentes herramientas de desarrollo de software y editores de código para crear aplicaciones móviles en Android.*

2. *Crea un proyecto de aplicación móvil en Android utilizando VS Code y explora los componentes básicos de Android, como Activities, Fragments y Views.*

# 13

# INTELIGENCIA ARTIFICIAL Y VS CODE

En el mundo actual, la tecnología está avanzando a un ritmo acelerado, y la inteligencia artificial (IA) es una de las áreas que ha experimentado un gran crecimiento en los últimos años. VS Code, uno de los editores de código más populares, no se ha quedado atrás en la integración de la IA para mejorar la experiencia de sus usuarios. En anteriores capítulos, ya se ha nombrado a Emmet e IntelliCode como soluciones que integran IA a VS Code; ahora se verán herramientas de terceros que facilitan las tareas.

## 13.1 OPENAI EN VS CODE

**OpenAI** es una de las organizaciones líderes en el campo de la inteligencia artificial, y ha estado trabajando en la creación de herramientas de IA avanzadas para mejorar la eficiencia y la productividad en diversos campos, incluyendo el desarrollo de software. Visual Studio Code es uno de los editores de código más populares en la actualidad y ha integrado varias herramientas de IA para mejorar la experiencia del usuario. En primer lugar, OpenAI trabajó en la creación de una herramienta de autocompletado mejorada para VS Code, que utiliza modelos de lenguaje de IA avanzados para proporcionar sugerencias de código más precisas y relevantes. Esta herramienta usa un modelo de aprendizaje profundo entrenado en grandes conjuntos de datos de código fuente para aprender patrones y estructuras comunes, y luego sugiere fragmentos de código que se ajustan al contexto actual del código. Esto ayuda a los desarrolladores a escribir código más rápido y reduce la posibilidad de errores.

Otra funcionalidad que OpenAI ha integrado en VS Code es la **detección de errores en tiempo real**. Utilizando técnicas de aprendizaje automático, esta herramienta es capaz de analizar el código fuente en tiempo real y detectar problemas comunes, como errores de sintaxis y errores de variable no definida. Esto permite a los desarrolladores identificar y solucionar los errores más rápido, lo que a su vez mejora la calidad del código y reduce el tiempo de desarrollo. Además, OpenAI también colaboró en la creación de **herramientas de análisis de código avanzadas** para VS Code. Estas herramientas utilizan técnicas de **procesamiento del lenguaje natural (PNL)** para analizar el código fuente y proporcionar sugerencias de refactorización de código y mejoras de rendimiento. Esto permite a los desarrolladores optimizar su código para obtener un mejor rendimiento y una mayor eficiencia (**Figura 13.1.**).

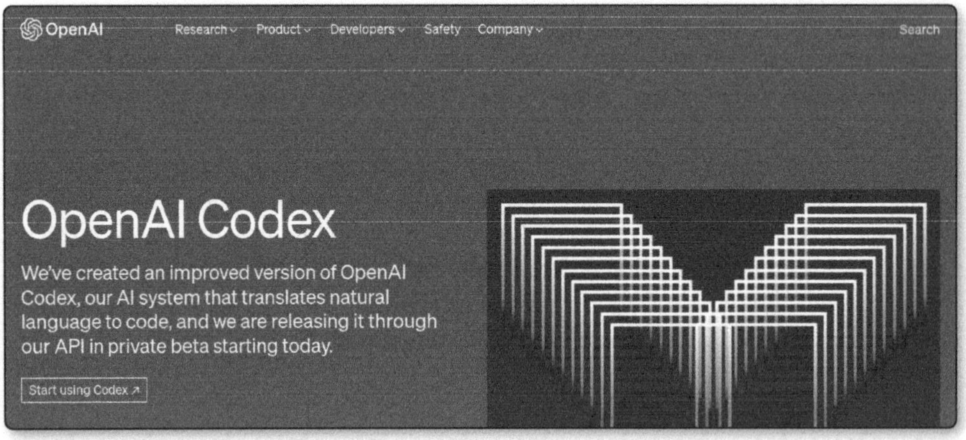


**Figura 13.1.** Página del proyecto Codex de OpenAI.

Los avances constantes en materia de IA hacen que, pasados unos meses, estas herramientas queden desactualizadas. En el momento de la investigación de este libro, OpenAI tenía **Codex**, basado en **chatGPT 3**, que ya está obsoleta. Actualmente hay disponibles varias herramientas más modernas basadas en tecnologías IA.

**Figura 13.2.** Logo de Copilot de OpenAI y GitHub.

**Copilot** es una de ellas en colaboración con **GitHub**. Es capaz de generar automáticamente fragmentos de código para tareas específicas utilizando una combinación de técnicas de lenguaje natural y aprendizaje automático.

Para integrar Copilot en VS Code, sigue estos pasos:

**PASO 1**

Descarga e instala la extensión de Copilot en VS Code. Para hacer esto, abre VS Code y busca la extensión **GitHub Copilot** en la tienda de extensiones. Haz clic en **Install** para instalarla.

**PASO 2**

Inicia sesión en tu cuenta de GitHub en la extensión de Copilot. Después de instalar la extensión, haz clic en el icono de **Copilot** en la barra de herramientas de VS Code y selecciona **Sign in with GitHub**. Ingresa tus credenciales de GitHub para iniciar sesión.

**PASO 3**

Configura los **ajustes de Copilot**. Una vez que hayas iniciado sesión, Copilot te pedirá que configures algunos ajustes, como el idioma de programación que prefieres utilizar y las teclas de acceso rápido que deseas usar para activar la generación de código.

Usa Copilot para generar fragmentos de código. Con la extensión de Copilot instalada y configurada, puedes comenzar a utilizarla para generar fragmentos de código en forma automática. Para hacer esto, simplemente escribe una descripción de lo que deseas que haga el código, y Copilot generará un fragmento de código que se adapte a tus necesidades. Es importante tener en cuenta que Copilot es un modelo de lenguaje de IA que se basa en el aprendizaje a partir de grandes cantidades de código fuente existente, por lo que su eficacia puede variar en función del lenguaje de programación, la tarea específica y la calidad del código fuente utilizado para entrenar el modelo.

### 13.1.1 CodeGPT: ChatGPT 4 dentro de VS Code

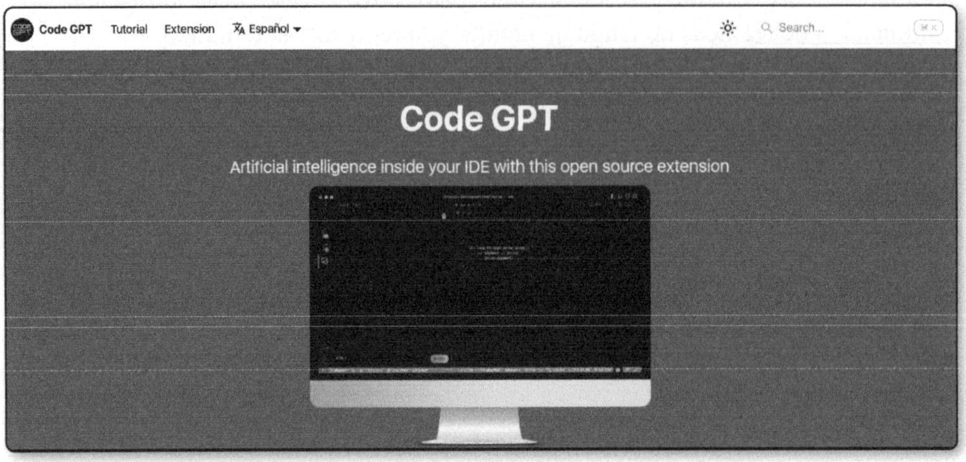


**Figura 13.3.** Página de CodeGPT, donde se podrá consultar la documentación o acceder a las instrucciones de instalación.

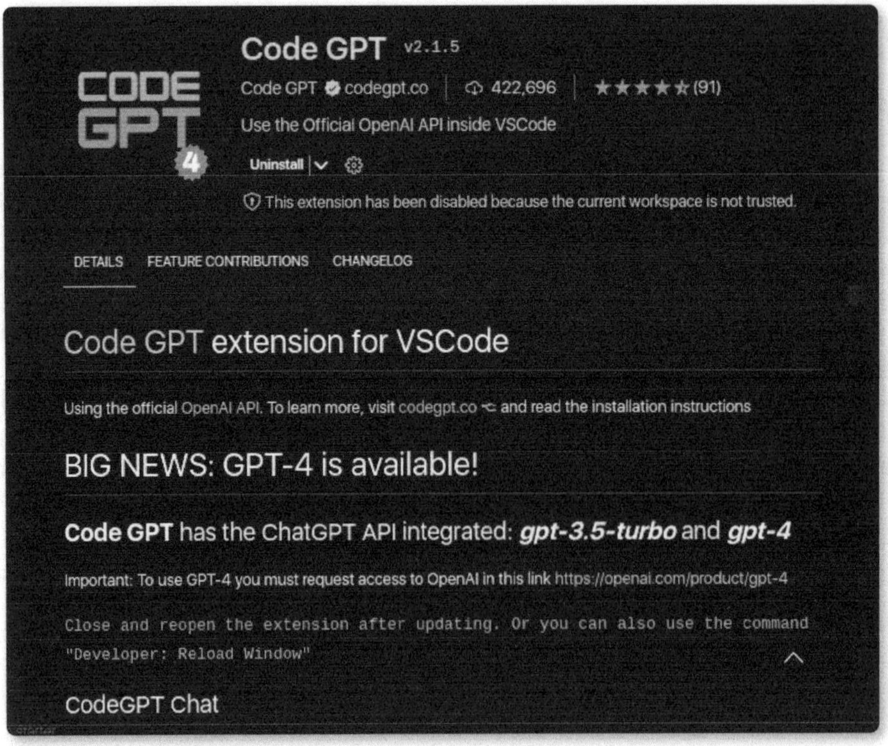


**Figura 13.4.** CodeGPT como extensión de VS Code, donde se podrán consultar la versión y sus características.

**CodeGPT** es una extensión para VS Code que utiliza el modelo de lenguaje natural GPT (Generative Pre-trained Transformer) de OpenAI para mejorar el autocompletado de código y la generación de código en tiempo real. Al igual que otras implementaciones de IA en VS Code, CodeGPT utiliza técnicas de procesamiento del lenguaje natural para analizar el contexto del código que estás escribiendo y sugerir fragmentos de código que se ajusten a tus necesidades. CodeGPT se entrena en una gran cantidad de código fuente y utiliza esta información para generar sugerencias precisas y relevantes en función del código que ya has escrito. La extensión también puede aprender de tus patrones de escritura y ofrecer sugerencias más precisas a medida que continúas escribiendo código.

Para utilizar CodeGPT en VS Code, debes descargar e instalar la extensión desde la tienda de extensiones de VS Code. Una vez que esté instalada, puedes empezar a utilizarla de inmediato. Al escribir código, CodeGPT sugerirá automáticamente fragmentos de código relevantes que puedes aceptar con un solo clic.

Para integrar CodeGPT en VS Code, sigue estos pasos:

**PASO 1**

Abre VS Code y seleccionar la opción **Extensions** en el menú de la izquierda.

**PASO 2**

Busca **Code GPT** en la barra de búsqueda y selecciona la opción **Instalar la extensión**.

**PASO 3**

Una vez instalada la extensión, abre el menú de **Settings** en VS Code.

**PASO 4**

Busca la opción **Extensions** y selecciona **CodeGPT**.

**PASO 5**

Ahora para agregar tu **api key** de OpenAI, presiona **Cmd + Shift + P** y busca el término **CodeGPT: Set API KEY**. Puedes generar tus claves de OpenAI desde el siguiente **enlace**.

PASO 6

Introduce la clave de API de OpenAI en el campo de entrada y presiona **Enter**.

**Figura 13.5.** Campo para introducir la clave de OpenAI.

Con esto, ya está disponible la extensión lista para usar. En **Configuración**, se puede cambiar el lenguaje en que se quiere obtener la respuesta, el número máximo de tokens por utilizar en cada respuesta, el modelo de lenguaje, entre otras opciones.

### 13.1.2 Funciones principales de CodeGPT

La extensión ofrece una integración del chatGPT 4 dentro de VS Code con la cual se puede interactuar, ya sea solicitando código o preguntando sobre código de tu proyecto. Para preguntarle a CodeGPT sobre código de algún archivo de tu proyecto, debes seleccionarlo antes.

- **Generar código**: puedes escribir un comentario pidiendo un código y luego presionar **Cmd + Shift + I** para que la extensión abra un espacio con el código generado, por ejemplo:

```
// Generar un regex para validar un color hexadecimal

let regex = /^#([A-Fa-f0-9]{6}|[A-Fa-f0-9]{3})$/;
```

- **Explicar código**: se puede pedir a CodeGPT que explique el código. Para ello, selecciona el código deseado y haz clic con el botón derecho del mouse. En el menú emergente, se selecciona la opción **Explain CodeGPT** y se abrirá una nueva ventana con una explicación detallada del código seleccionado.

- **Refactorizar código**: CodeGPT permite refactorizar código. Se debe seleccionar el fragmento de código y hacer clic con el botón derecho del mouse y, en el menú emergente, se debe seleccionar la opción **Refactor CodeGPT**. CodeGPT abrirá una nueva ventana con el código refactorizado.

- **Documentar código**: selecciona el código deseado y haz clic con el botón derecho del mouse. En el menú emergente, selecciona la opción **Document CodeGPT**. CodeGPT abrirá una nueva ventana con la documentación del código seleccionado.
- **Encontrar problemas en el código**: selecciona el código deseado y haz clic con el botón derecho del mouse. En el menú selecciona la opción **Find Problems CodeGPT**. CodeGPT buscará y mostrará los problemas encontrados en una nueva ventana.
- **Generar pruebas unitarias**: para ello, debes seleccionar el código deseado, hacer clic con el botón derecho del mouse y seleccionar la opción **unit test CodeGPT**. Aparecerá una nueva ventana con el código para realizar las pruebas.
- **Simular compilación de código**: selecciona el código deseado, haz clic derecho y selecciona la opción **Compile & Run CodeGPT**. CodeGPT simulará ser un compilador que ejecuta el código.

### 13.1.3 Codeium

**Figura 13.6.** Codeium, página oficial.

**Codeium** es una plataforma que te ayuda a codificar más rápido y mejor. Es una herramienta gratuita de finalización de código impulsada por IA que admite más de 20 idiomas y se integra con los IDEs más populares, entre los cuales está VS Code.

Para integrar Codeium a Visual Studio Code (VS Code), sigue estos pasos:

**PASO 1**

Abre VS Code y ve a la sección **Extensiones** en la barra lateral izquierda.

**PASO 2**

Busca **Codeium** en la barra de búsqueda de extensiones y selecciona el resultado correspondiente.

**PASO 3**

Haz clic en **Instalar** para instalar la extensión en VS Code.

Una vez que se complete la instalación, se te pedirá que reinicies VS Code para activarla. Haz clic en **Reiniciar ahora** para reiniciar VS Code.

Después de reiniciar VS Code, podrás usar Codeium para crear y ejecutar proyectos en el lenguaje de programación que prefieras. Se puede acceder a la extensión desde la barra lateral izquierda de VS Code o mediante la combinación de teclas **Ctrl** + **Shift** + **P** en Windows o **Cmd** + **Shift** + **P** en Mac y escribiendo **Codeium** en el cuadro de diálogo de comando.

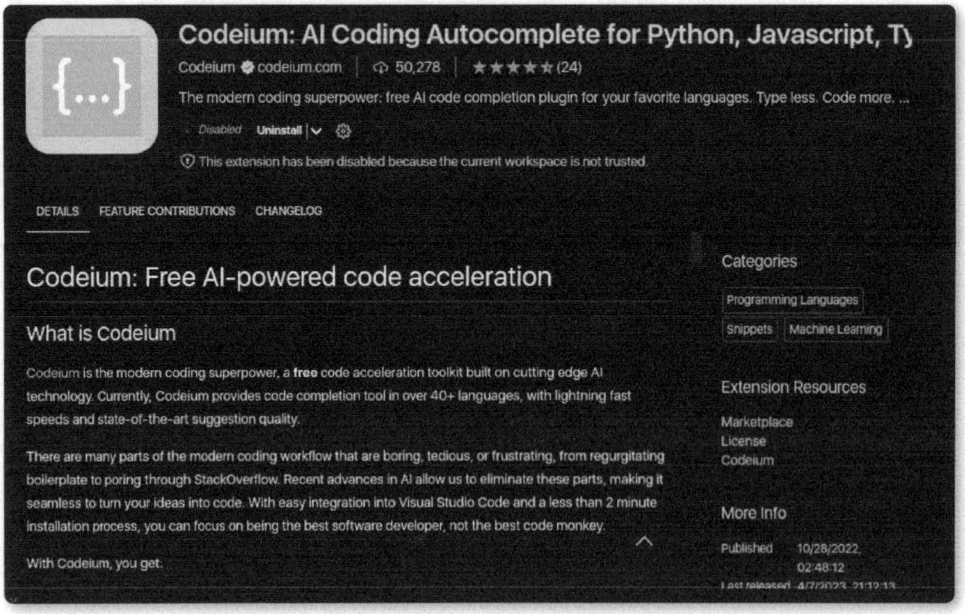


**Figura 13.7.** Codeium, sistema de inteligencia artificial que sirve para autocompletar fragmentos de código.

Codeium permite la finalización automática del código con velocidades ultrarrápidas y una calidad de sugerencia de última generación. Además, la herramienta puede sugerir palabras clave, variables, funciones, parámetros, y otros elementos relevantes según su contexto y estilo de codificación. Es muy fácil de usar. Puede registrarse de forma gratuita y así obtener acceso a códigos completos ilimitados por mes. Además, es posible instalar Codeium como una extensión para Visual Studio Code o Chrome y comenzar a usarlo de inmediato. Independientemente del IDE que se utilice, puedes disfrutar de sugerencias de código de alta calidad que ahorran tiempo y esfuerzo. Sin duda, esta es una plataforma que permite a los desarrolladores de todos los niveles codificar más rápido y mejor con la ayuda de la IA.

Se pueden nombrar también otras IA que facilitan las tareas del desarrollador:

- **CodiumAI**: un sistema de inteligencia artificial que se dedicará a analizar el código que se esté programando y a generar pruebas significativas para ayudar a encontrar bugs y errores. Enlace desde este **link**.
- **Ghostwriter**: sirve para ayudarte a crear código para tus proyectos de programación. Solo se debe indicar el tipo de código que quieres realizar, y te ayudará a hacerlo desde el propio navegador. Enlace desde este **link**.

## 13.2 PEDIRLE A LA IA QUE EXPLIQUE CÓDIGO

Las revisiones de código se realizan en la estación de trabajo del desarrollador, donde un miembro experimentado del equipo revisa el nuevo código, proporcionando sugerencias a través de una conversación. Es el enfoque más fácil para las revisiones de código y no requiere una estructura predefinida. Esta revisión del código todavía puede hacerse de manera informal hoy en día, junto con un proceso formal de revisión del código que puede estar implantado. Las revisiones de códigos se hacían tradicionalmente en persona, mientras que los equipos distribuidos pueden seguir este método también a través de herramientas de colaboración. Actualmente, la corrección de código fuente es una tarea importante en el desarrollo de software, y la inteligencia artificial (IA) puede ser una herramienta útil para ayudar en esta tarea. La inteligencia artificial tiene un amplio potencial para contribuir en el ámbito de la programación. En primer lugar, la **IA CodeNet** de **IBM**, que ya tiene algún tiempo, ha demostrado la capacidad de aprender a programar de manera autónoma en múltiples lenguajes. Comprende unos 14 millones de fragmentos y 500 millones de líneas de código repartidas en más de 55 lenguajes antiguos y activos. El conjunto de datos está construido de una manera que permite la traducción bidireccional. Esto posibilita que el código antiguo de **Cobol** se traduzca a Java. En las actualizaciones recientes de IBM, la inteligencia artificial ha desempeñado un papel destacado, con nuevas características para **Cloud Pak for Data** y una plataforma de integración **SaaS** llamada **Watson Orchestrate**. Además de la IA, las actualizaciones incluyen un nuevo servicio de migración a la nube llamado **Mono2Micro**, que utiliza la IA para analizar aplicaciones empresariales y ofrecer recomendaciones sobre cómo adaptarlas mejor para el cambio a la nube. IBM afirmó que este servicio puede simplificar y acelerar un proceso propenso a errores, lo que reducirá costos y maximizará el retorno de inversión.

Además, han surgido otras aplicaciones, como **AlphaCode**, una IA desarrollada por **DeepMind**, propiedad de Google y conocida por haber desarrollado **AlphaZero** y **AlphaGo**, que ha anunciado un gran logro en la carrera por dotar a la IA con capacidades de resolución de problemas de programación que aún suelen considerarse solventables únicamente por humanos. AlphaCode rindió aproximadamente al nivel de un programador humano medio cuando se evaluó en un concurso de programación (5.000 participantes expertos) y alcanzó una clasificación media general dentro del 54,3% de los mejores participantes humanos.

### 13.2.1 Funcionamiento

AlphaCode genera soluciones en Python o C++ y filtra las que son erróneas. El gran punto a favor de esta novedad reside en que es capaz de desarrollar millones de soluciones en lugar de decenas o cientos como hacen modelos como Codex. DeepMind ha logrado que AlphaCode genere más de un millón. Tras esta primera fase, AlphaCode conserva primero solo el 1% de los programas que resuelven el problema. Para seguir delimitando aún más, los agrupa en función de la similitud de sus resultados con entradas inventadas. Tras esto, los prueba uno a uno hasta que encuentra uno que ha tenido éxito o llega a diez envíos, aproximadamente el máximo que envían los humanos en los concursos. AlphaCode utiliza procesamiento de lenguaje natural para entender el enunciado del problema y también los pares de input/output de ejemplo de dicho problema, con el fin de entender el contexto de lo que se requiere.

Con el ejemplo de la imagen anterior, AlphaCode puede procesar directamente para generar una solución escrita en un lenguaje de programación, ya sea Python o C++, solo estos dos lenguajes hasta el momento.

En los siguientes pasos se explica el funcionamiento:

**Backspace**

You are given two strings $s$ and $t$, both consisting of lowercase English letters. You are going to type the string $s$ character by character, from the first character to the last one.

When typing a character, instead of pressing the button corresponding to it, you can press the "Backspace" button. It deletes the last character you have typed among those that aren't deleted yet (or does nothing if there are no characters in the current string). For example, if $s$ is "abcbd" and you press Backspace instead of typing the first and the fourth characters, you will get the string "bd" (the first press of Backspace deletes no character, and the second press deletes the character 'c'). Another example, if $s$ is "abcaa" and you press Backspace instead of the last two letters, then the resulting text is "a".

Your task is to determine whether you can obtain the string $t$, if you type the string $s$ and press "Backspace" instead of typing several (maybe zero) characters of $s$.

**Input**

The first line contains a single integer $q$ ($1 \leq q \leq 10^5$) the number of test cases.
The first line of each test case contains the string $s$ ($1 \leq |s| \leq 10^5$). Each character of $s$ is a lowercase English letter.
The second line of each test case contains the string $t$ ($1 \leq |t| \leq 10^5$). Each character of $t$ is a lowercase English letter.
It is guaranteed that the total number of characters in the strings over all test cases does not exceed $2 \cdot 10^5$.

**Output**

For each test case, print "YES" if you can obtain the string $t$ by typing the string $s$ and replacing some characters with presses of "Backspace" button, or "NO" if you cannot.
You may print each letter in any case (YES, yes, Yes will all be recognized as positive answer, NO, no and nO will all be recognized as negative answer).

**Example Input**

```
4
ababa
ba
ababa
bb
aaa
aaaa
aababa
ababa
```

**Example Output**

```
YES
NO
NO
YES
```

**Explanation**

In order to obtain "ba" from "ababa", you may press Backspace instead of typing the first and the fourth characters.

There's no way to obtain "bb" while typing "ababa".

There's no way to obtain "aaaa" while typing "aaa".

In order to obtain "ababa" while typing "aababa", you have to press Backspace instead of typing the first character, then type all the remaining characters.

**Figura 13.8.** Ejemplo de promt para generar una respuesta de la IA.

**PASO 1**

Para entrenar el modelo, se utiliza una gran cantidad de repositorios de GitHub para que pueda aprender la sintaxis del código. Se estima que este repositorio contiene al menos 700 GB de información.

**PASO 2**

Debido a la falta de conjuntos de datos competitivos, el equipo de DeepMind decidió crear uno especializado para mejorar el rendimiento del modelo en competencias. Este conjunto de datos se conoce como **CodeContests**.

**PASO 3**

El modelo genera múltiples soluciones al problema.

**PASO 4**

Se evalúan las soluciones utilizando las salidas del desafío y se descartan aquellas que no cumplen con el objetivo; se seleccionan únicamente los candidatos de código ideales. Los datos están disponibles para su lectura en el siguiente **enlace.**

Se puede probar esta tecnología desde su sitio oficial **enlace (Figura 13.9.)**.

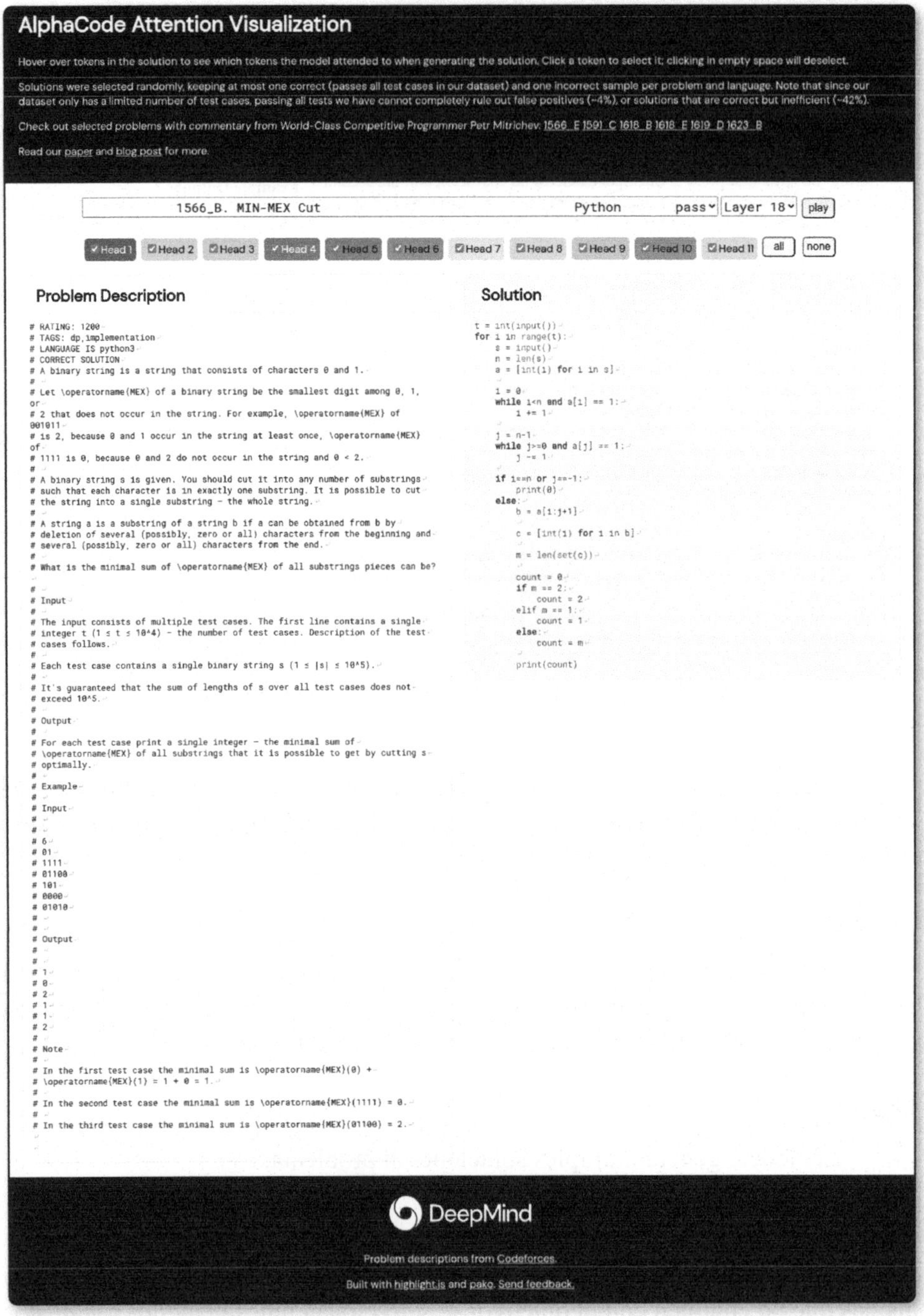


**Figura 13.9.** Ejemplo de consulta desde la página de DeepMind.

Aunque la idea de utilizar la IA para corregir errores de código puede parecer tentadora, por ahora no existe una solución completa que pueda reemplazar completamente a un programador para detectar y corregir errores.

Sin embargo, hay varias herramientas y servicios que pueden ayudar a los programadores a detectar errores de código y mejorar su calidad. Si buscas herramientas que te ayuden en tu día a día, ya se han nombrado varias que están a tu alcance, como IntelliCode u otras similares. Una de ellas es **Phind**, un motor de búsqueda basado en ChatGPT dedicado a los desarrolladores.

Podrás hacer preguntas relacionadas con códigos y lenguajes de programación, y te devolverá las respuestas. **Enlace**:

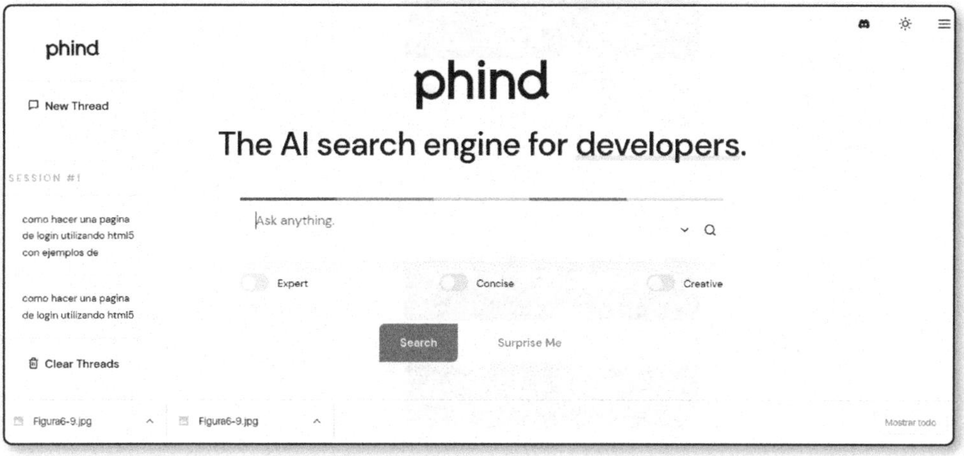


**Figura 13.10.** Página de consulta phind.com.

Visualmente es muy similar al buscador Perplexity AI.

Al hacer la consulta, despliega la respuesta en el cuerpo central, el link de fuentes del lado izquierdo y, finalmente, los links relacionados por debajo de la respuesta (**Figura 13.11.**).

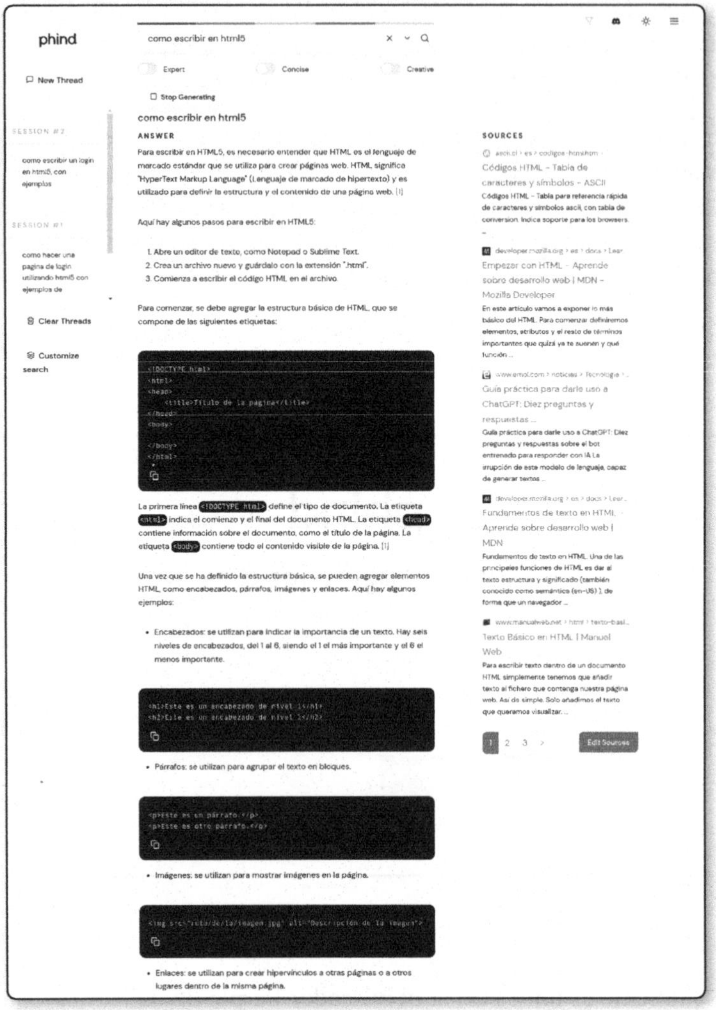

**Figura 13.11.** Página de ejemplo de consulta.

A continuación, se presentan algunas herramientas de corrección de código que utilizan IA:

**Snyk de DeepCode**: es una herramienta de corrección de código que utiliza IA para analizar el código y sugerir correcciones en tiempo real. Usa redes neuronales para identificar patrones en el código y ofrecer sugerencias de corrección.

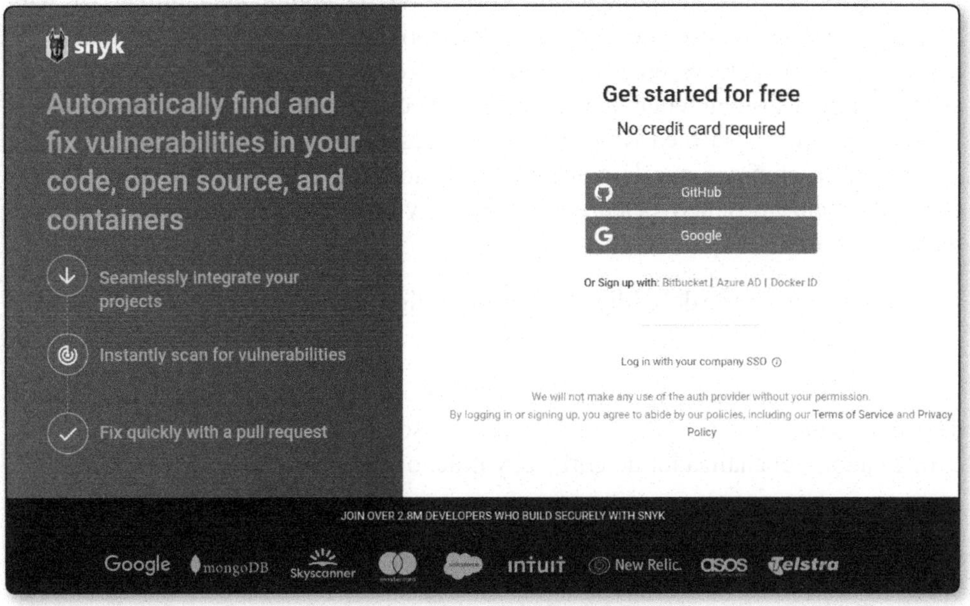


**Figura 13.12.** Página de login Snyk de DeepCode.

Snyk Code resulta un código seguro con una experiencia amigable para desarrolladores y utiliza un enfoque revolucionario diseñado para ser desarrollador primero.

Es gratuito y ofrece un plan gratis para repositorios privados (**Figura 13.13.**).

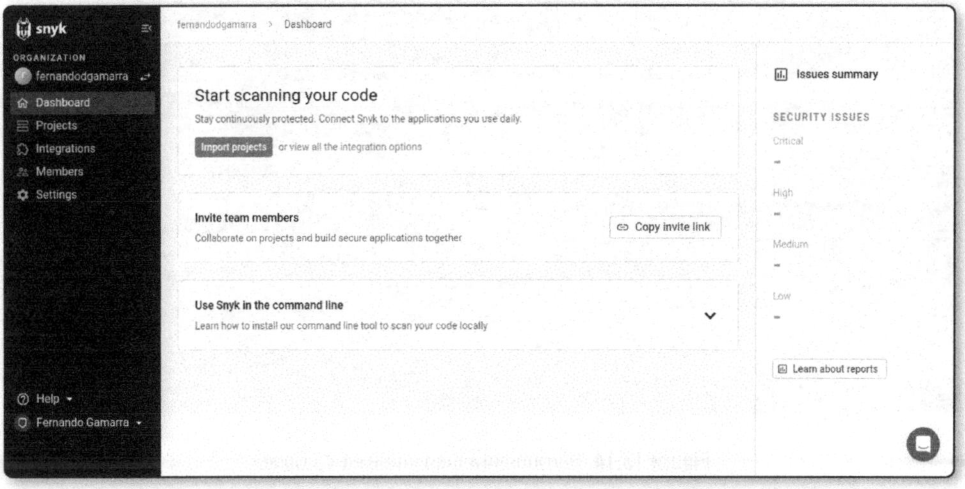


**Figura 13.13.** Panel de trabajo de la herramienta Snyk.

**Kite**: es una herramienta de corrección de código que utiliza IA para proporcionar sugerencias de código en tiempo real. Kite utiliza un modelo de lenguaje natural para entender el código y ofrecer sugerencias relevantes. Pero, aunque prometedor, lamentablemente este proyecto por ahora no está operativo. Así lo aclara el autor: "Si bien Kite fue una empresa emergente pionera en esta área, no éramos la empresa que la consiguió. Ese no es el resultado que esperábamos cuando comenzamos, pero celebramos el coraje y las contribuciones de todos los que hicieron posible el experimento".

La mayor parte del código ha sido de código abierto en GitHub en el siguiente **enlace**.

Incluye un motor de inferencia de tipo Python basado en datos, el analizador de paquetes públicos de Python, el software de escritorio, las integraciones del editor, el rastreador y el analizador de GitHub, y mucho más.

**TabNine**: es una herramienta de corrección de código que utiliza IA para sugerir código en tiempo real mientras escribes.

TabNine utiliza un modelo de lenguaje natural para comprender el contexto y ofrecer sugerencias precisas.

**Figura 13.14.** Herramienta disponible en VS Code.

Para instalar TabNine en Visual Studio Code (VS Code), sigue estos pasos:

**PASO 1**

Abre VS Code y el panel de **Extensiones** presionando **Ctrl + Shift + X** en Windows o **Cmd + Shift + X** en Mac.

**PASO 2**

Busca la extensión **TabNine** y haz clic en **Instalar**.

Espera a que la instalación se complete.

**PASO 3**

Una vez que se complete la instalación, reinicia VS Code.

Ahora, TabNine está instalado y listo para usar.

Para utilizar TabNine, escribe código en un archivo, y TabNine sugerirá **autocompletar** y **correcciones** de código. También puedes personalizar la configuración de TabNine en VS Code yendo a **Preferencias: Configuración (Ctrl** + en Windows o **Cmd** + en Mac), buscando **tabnine** y ajustando las opciones según sea necesario.

**CodeGuru**: es una herramienta de corrección de código de Amazon que utiliza IA para mejorar la calidad del código. CodeGuru usa modelos de aprendizaje automático para analizar el código y ofrecer sugerencias de corrección.

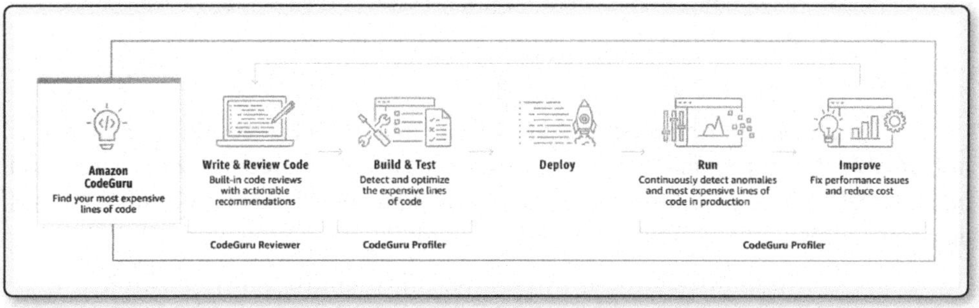


**Figura 13.15.** Funcionamiento de CodeGuru.

Amazon CodeGuru proporciona, a los desarrolladores, recomendaciones inteligentes para mejorar la calidad del código e identificar las líneas de código más costosas de una aplicación. Integra CodeGuru en el flujo de trabajo de desarrollo de software para automatizar las revisiones de código durante el desarrollo de la aplicación, monitorear de manera continua su rendimiento en producción, y proporcionar recomendaciones e indicaciones visuales sobre cómo mejorar la calidad del código y el funcionamiento de la aplicación, así como reducir el costo general (**Figura 13.16.**).

**Figura 13.16.** Página de CodeGuru.

Estas son solo algunas de las herramientas de corrección de código que utilizan IA. Es importante tener en cuenta que estas no reemplazan la revisión humana del código, sino que pueden ser útiles para complementar el trabajo de los desarrolladores.

## 13.3 ACTIVIDADES

A continuación se presentan las preguntas y los ejercicios que deberías saber responder y resolver para considerar aprendido el capítulo.

### 13.3.1 Test de autoevaluación

1. *¿Qué herramientas de terceros están disponibles para integrar la IA en VS Code y cómo se utilizan?*
2. *¿Cuáles son los beneficios de integrar la IA en VS Code para mejorar la experiencia de los usuarios?*
3. *¿Cómo ha evolucionado la integración de la IA en VS Code en los últimos años?*
4. *¿Qué limitaciones existen actualmente en la integración de la IA en VS Code y cómo se están abordando?*
5. *¿Cuáles son las áreas específicas de programación en las que la integración de la IA en VS Code es particularmente útil?*

### 13.3.2 Ejercicios prácticos

1. *Investiga herramientas de terceros para integrar la IA en VS Code, como Kite, TabNine o DeepCode, y evalúa sus características, ventajas y desventajas.*
2. *Instala una de las herramientas de terceros de IA en VS Code y experimenta con ella para ver cómo puede mejorar tu flujo de trabajo diario.*
3. *Investiga las limitaciones actuales de la integración de la IA en VS Code, como el uso de datos personales y la privacidad, y plantea posibles soluciones.*
4. *Identifica las áreas específicas de programación, como el análisis de datos o el aprendizaje automático, en las que la integración de la IA en VS Code puede ser más útil y explora cómo se pueden implementar estas herramientas para mejorar el proceso de programación.*

# GLOSARIO

- **Clonar un repositorio**: extraer una copia integral de los datos del repositorio que GitHub.com tiene en ese momento, incluidas todas las versiones de cada archivo y carpeta del proyecto.
- **Código fuente**: conjunto de líneas de texto con los pasos que debe seguir la computadora para ejecutar un cargador. El código fuente de un programa está escrito por un programador en algún lenguaje de programación legible por humanos, normalmente en forma de texto plano.
- **Control de versiones**: gestión de los diversos cambios que se realizan sobre los elementos de algún producto o una configuración de este.
- **CSS3:** tipo de lenguaje que permite definir y crear la presentación de un documento ya estructurado y escrito en un lenguaje de marcado como puede ser HTML. Es decir, permite generar el diseño visual de páginas web e interfaces de usuario.
- **Editor de código**: programa que ayuda a gestionar el código fuente de tus proyectos. Es ideal cuando se trabaja con diferentes lenguajes de programación, alternándolos, o en un solo proyecto
- **Git Bash**: aplicación para entornos de Microsoft Windows que ofrece una capa de emulación para una experiencia de líneas de comandos de Git. Bash es el acrónimo en inglés de Bourne Again Shell. Una shell es una aplicación de terminal que se utiliza como interfaz con un sistema operativo mediante comandos escritos.
- **Hash:** las funciones hash son estructuras de datos de uso común en los sistemas informáticos para tareas, como verificar la integridad de los mensajes y autenticar la información.
- **HTML5:** quinta revisión importante del lenguaje básico de la World Wide Web, HTML. HTML5 específica dos variantes de sintaxis para HTML: una "clásica",

HTML, conocida como HTML5, y una variante XHTML, conocida como sintaxis XHTML 5 que deberá servirse con sintaxis XML.

- **JS:** JavaScript es un lenguaje de programación interpretado, dialecto del estándar ECMAScript. Se define como orientado a objetos, basado en prototipos, imperativo, débilmente tipado y dinámico.
- **Repositorio:** espacio centralizado donde se almacena, organiza, mantiene y difunde información digital, habitualmente archivos informáticos, que pueden contener trabajos científicos, conjuntos de datos o software.
- **Terminal:** programa cuyo objetivo principal es leer comandos y ejecutar otros programas. Las principales ventajas de la terminal son su alta relación acción-tecla, su soporte para la automatización de tareas repetitivas, y que puede utilizarse para acceder a otras máquinas en una red.